EL DESAFÍO DEMOCRÁTICO

AL MOVIMIENTO 15-M

Por

E. Xusto

(Y OTROS)

ISBN: 978-84-615-3585-9
Depósito Legal: CC-952-2011

Segunda edición

ÍNDICE

DEDICATORIA:

A Miguel y a Martín, mis descendientes más recientes, y a todos aquellos que sin pretenderlo han colaborado en la elaboración de este libro.

«Los medios e instrumentos de producción, y las herramientas en general, a medida han sido perfeccionadas, gracias a la confluencia del esfuerzo con la de la observación, la reflexión y el estudio, han ido facilitándonos condiciones de trabajo y vida menos penosas y más gratificantes, a cada paso, aunque no en la misma medida para todos los componentes de las sociedades humanas que los crearon, activaron y perfeccionaron. La apropiación de los medios, de los logros y del fruto del trabajo, por determinadas clases sociales ha sido siempre fuente de conflictividad social en la Historia, ya que la propiedad de los medios de producción ha sido determinante para detentar el poder y ejercerlo en beneficio propio. Los medios de producción, los frutos del trabajo, de la ciencia, la tecnología y, en definitiva, de cultura tienen, sin embargo, su origen en la Naturaleza y en el esfuerzo humano y son patrimonio común en igual medida de todos los integrantes de todas las sociedades. Y puesto que todos han participado, y participan, de la actividad productiva, de la creación y perfeccionamiento de los instrumentos de producción, ya materiales o ideales, con igual derecho están obligados —independientemente de la voluntad de quienes intenten privarles de derecho— a la administración y disfrute de los beneficios de la productividad social o colectiva.»

(E. XUSTO, Casas del Castañar, 24 de junio de 2002).

PREFACIO

Cuando comencé a trabajar en el proyecto de este libro no tenía la intención de llegar más allá de las cincuenta páginas, contando con el programa de CEX, que, como motivación principal, con la intención de difundirlo, ocuparía la parte central, como la ocupa. Pero en esto de escribir, cuando uno se mete en historias largas que no le pertenecen, sino porque otros son los que también las han vivido o las viven, si pretende recrearlas por darles finalidad, resulta que ya no puede parar, poniendo el punto y final en donde le dé la gana. Sucede que, en cuanto piensa que ya está llegando al término, un párrafo sigue a otro, pero éste obliga a un siguiente, y así sucesivamente... Y es que el libro ha cobrado vida, cual si fuese un personaje de novela.

Al suceder de tal modo, quien escribe ya no es dueño de la historia que pretendía realizar, sino que ya es ésta quien domina y pasa a hacerse la dueña del tiempo en que vive el escritor. Y así es que, finalmente, fue el mismo desarrollo de la obra lo que decidió el final. Al comenzar, la motivación del trabajo estaba clara y ésta era la dicha, el programa político municipal de CEX-PLASENCIA; la finalidad también, que era darlo a conocer, pero muy en especial a quienes integran el movimiento del 15-M. Sólo faltaba establecer el porqué y el para qué de la intención, es decir explicar la relación entre la causa y la razón del trabajo. La historia se hacía, pues, necesaria, para poder explicar la relación. Pero la historia no es mía. Y otra cosa sería como saliese, al contarla.

Recuerdo que, hace tiempo, aunque no demasiado, había escrito, en exposición extensa, una opinión que envié a cierto partido vasco —al PNV, creo—. La opinión giraba en torno al «Plan Ibarretxe», mediante el cual los nacionalistas de dicho partido habían pretendido plantear al Parlamento de España una vía de solución a los problemas generados por los activistas etarras que defendían —y quizás sigan defendiendo todavía— la independencia de su nación mediante la violencia terrorista contra el Estado Español. Recibí la respuesta inmediata a la misiva, aunque no recuerdo quien se encargó, personalmente, de dármela. Lo que sí recuerdo bien es que en ella se resaltaba que a quien daba la respuesta le resultaba curiosa mi manera de escribir, mi tendencia a transformar la política en literatura, es decir, que tratase de política como si fuese de un objeto literario. Confieso que me halagó la observación, y no porque llegase de un vasco, pues considero a los vascos no sólo los portadores de una de las culturas más antiguas de Europa, sino que pienso que, de entre los pueblos de las naciones de España, el más culto y progresista de todos ellos, políticamente hablando, es el pueblo vasco. Y me complugo, igualmente, ya que la literatura fue, de todas, mi vocación más antigua, que no la política que me enredó y trabucó en el camino, porque ésta fue dominante, siendo la pasión aquella. Siento que tal vez no la consiga, porque es tarde, y el tiempo no perdona. Pero, aún así...

Por ello, me decidí a probar con un nuevo género literario y tenté a usar de éste: El ensayo político novelado. Y ya voy por el tercero, el presente. A nadie le extrañe, pues, sólo es cuestión de trabajo. Porque, aún en este género escribir un libro, como toda obra, aunque sea literaria, es como toda tarea, como un trabajo cualquiera. Y ya es sabido que cualquier trabajo es cuestión de planificación, organización y esfuerzo continuado, ya disciplinado o no, porque, aquí, esto de la disciplina depende de cómo se entienda, de si es militar o no. No obstante, todo sale del trabajo, pues sin trabajo no hay nada. Es todo.

INTRODUCCIÓN

-1-

¿Hasta qué punto pueden resultar coincidentes, en la misma dirección y en convergencia la expresión de la inquietud social interiorizada, individual y subjetiva, y aquellas otras expresadas social y públicamente, por las masas en las calles, por medio de la protesta, sea organizada o no? Lógicamente, las inquietudes sociales de un individuo y las sociales de grupos, forzosamente, y ya no sólo por definición, sino por naturaleza tienen las mismas raíces originarias. Así que el impulso que adquieren, en el punto de partida, o tiene que ser el mismo, o bien lo será por fuerza. No obstante la dirección de salida del individuo y los grupos, o las de los grupos entre sí, resultará divergente en todos ellos, en razón de la distinta influencia que sobre los mismos ejerza la causa del movimiento, si la reciben a un tiempo. Pero, con la intención de seguir, mejor, quedemos aquí y antepongamos a nuestra idea una imagen. La explosión de una burbuja de una materia cualquiera en el aire, por ejemplo.

Las partículas que compongan la burbuja, a efectos del estallido, se expandirán en múltiples trayectorias, algunas coincidentes y otras, ya de salida, en la dirección de tierra. Excepto estas, todas ellas irán frenando en su marcha, por un tiempo, hasta parar en un punto del trayecto, desde el cual, sin solución de continuidad, se precipitarán, en aparentes caídas paralelas, hacia el mismo destino, aunque su llegada a éste se produzca en instantes diferentes.

Pues bien, imaginemos ahora que la tierra con su poder de atracción fuese solamente un punto imperceptible, pero situado, lo mismo que la burbuja, a una distancia tal que nos permitiese observar la totalidad del fenómeno descrito. Entonces comprobaríamos que las trayectorias de las partículas hacia el punto, lejos de ser paralelas, marcan los caminos convergentes de los corpúsculos, que, coincidiendo en él, van a fundirse otra vez en una nueva burbuja. Pero ésta, aunque fuese conformada exactamente por las antiguas partículas e igual en cantidad de materia, ya no sería la misma que hubiera sido antes, sino que sería estructurada según fueron fundiéndose las partículas, en el orden de llegada, de diferente manera. Cualitativamente, sería, pues, una burbuja distinta.

Tan sencillo es el ejemplo, que, incluso, podrá pareceros simple. Pero de esta alegoría, de mi vertiente poética, fue de lo cual me serví para explicarme a mí mismo la motivación central que había de llevarme a elaborar el programa de CEX-PLASENCIA, de modo que este sirviese como polo de atracción a nuestra candidatura en las elecciones municipales, pero, antes aún, también de fuerza que aglutinase primero en un sólo cuerpo a los mismos candidatos, cuyas sensibilidades políticas individuales eran realmente diferentes. No así el del estado de ánimo, o disposición en la que nos hallábamos, según los condicionamientos sociopolíticos de nuestras inquietudes generales, y quizás comunes, con respecto a participar o no activamente en la campaña electoral inminente, a un mes escaso del comienzo de la misma.

No obstante, como fuese, nos encontramos en ella y, lo mismo que otros muchos grupos extraños a los partidos al uso, que se formaron sorpresivamente en los diferentes pueblos y ciudades de España. Y ya fuese, por el rechazo de sus antiguos partidos, los unos, o por simple desconfianza hacia los mismos, los otros, o sencillamente porque no viesen la necesidad, ocasión ni conveniencia para integrarse en alguno de los existentes, pero ya conocidos, el caso fue que también nosotros nos sumamos al llamamiento de una propuesta electoral inédita, pero definida, en principio, como movimiento ciudadano de ámbito regional. Así se nos presentó CEX, a través de sus activistas sociales. Y así fue como logramos la candidatura, si bien ésta quedó concluyentemente definida y formada, una vez elaborado, editado y conocido el programa electoral, aunque no lo fue en igual medida para todos los integrantes, en cuanto a la asunción del mismo, ni en grado de compromiso y participación con la actividad electoral consecuente.

A mi entender, si el punto de partida era la insatisfacción común, de todos nosotros, lo mismo se observaba para el resto de la ciudadanía, afectada negativamente por la situación política del país en general, y en particular de los ayuntamientos, pues de ellos se trataba en la ocasión. Y si el impulso de salida eran los deseos de regeneración democrática, de modo que la democracia se viese realizada realmente en las prácticas políticas cotidianas, la función del programa electoral no podía ser otra que la de servir de polo de atracción y convergencia, de todos los componentes o partes que participasen en el fenómeno electoral, o sea, el punto de convergencia equivalente al de nuestra alegoría. La expresión de este punto sería pues ideada conforme a los principios de la razón proclamada como guía y objetivo por quienes nos habían llamado a integrarnos en la candidatura y por lo cual aceptamos. Pero, por lo mismo, se tuvo también en cuenta, que debería valer como modelo para la misma función con respecto a los restantes grupos políticos que participasen en dichas elecciones, puesto que, supuestamente, se sentían impulsados por las mismas necesidades y atraídos por las fuerzas del deseo de regeneración democrática, o al menos esto era lo proclamado, públicamente, por todos.

Al tiempo que se sucedía la consolidación de nuestra movilización local y regional, aunque ya encauzada electoralmente, en medio de la campaña, irrumpía en el escenario político otra opción mucho más amplia y vigorosa en calidad y extensión. De mayor calado, en apariencia, y aún más sugerente y atractiva como banderín de enganche para la causa regeneracionista. Y la cual, a primera vista, no requeriría del esfuerzo personal al que nos suele obligar el incómodo sometimiento del libre albedrío personal hacia cualquier clase de compromiso organizado para la consecución de un fin.

Esta otra opción ofrecía no sólo la realización de la autocomplacencia personal por medio de la participación masiva en la catarsis social realizada colectivamente a través de las protestas solidarias, sino también el ejercicio de la libre espontaneidad como instrumento disciplinario más idóneo para alcanzar, también socialmente, la regeneración democrática de la función pública, por medio de las exigencias de cambio, expresadas en las manifestaciones de rechazo colectivo a las prácticas políticas de los partidos dominantes. Evidentemente, la nuestra era una opción muy distinta.

Pero la realidad del movimiento, en las calles y en las plazas de las ciudades de España, ya conocido con el nombre de 15-M, aunque incipiente como el nuestro, no venía a otra cosa que a confirmarnos en la necesidad de llevar a cabo nuestro proyecto. Tampoco cabía duda de que tanto las causas que nos impulsaban a ambos como los términos en los que se expresaba públicamente la cualidad o carácter de los mismos eran, en principio, exactamente idénticos, con la salvedad de la localización, la extensión y la intensidad que de ambos fenómenos resultasen en el espacio y en el tiempo. Y, aunque no quepa compararlos por sus dimensiones ni en las repercusiones que tuvieron, quiero referenciarlos aquí y no para hablar específicamente de este último, sino del nuestro, para expresar que intento comprenderlos e identificarlos a ambos, no solamente en cuanto a la situación de las condiciones de la política general de salida, de la cual despegan, sino para cerciorarme igualmente de que el punto de convergencia en perspectiva deberá ser, también para ambos, el mismo, que no es otro que aquel por el cual reconocen públicamente que se mueven: El de la reivindicación de la democracia real. Pero el que sólo podrá alcanzarse, si todas las direcciones se viesen en sus trayectorias enfiladas en un único sentido, hacia el mismo punto.

En CEX-PLASENCIA nos hemos conducido en la perspectiva de alcanzar la realidad de nuestro programa. No lo hemos logrado, pero de ello, tan sólo se deducen las limitaciones de nuestro alcance que no la invalidez del punto en perspectiva, cuyo ofrecimiento a los demás seguimos considerando válido, y de aquí que consideremos necesario continuar fomentando su publicación para exponerlo a la vista de todas la direcciones, como propuesta válida, y única de momento, aunque susceptible de ser mejorada, y completada, por supuesto.

No obstante, antes de volver con la presentación de la propuesta quisiera evocar las dudas que se me presentaron en torno al proyecto original de los sujetos agentes que las provocaron en el punto de partida, estimulándolas incluso a lo largo del proceso electoral. Porque pienso que las mismas dudas son, quizás, muy similares a las que se han presentado sobre la verdadera intencionalidad de los fines que persiguen los variados grupos que conforman el movimiento del 15-M, que no ocurre así otro tanto con los motivos o las causas del impulso que les mueve, sobre lo que todas las opiniones, internas o externas, coinciden plenamente.

Se dice, en coincidencia de opiniones varias, que el detonante de las manifestaciones nace de un llamamiento a la indignación de la juventud en cuya energía acumulada, contenida y controlada, bajo la responsabilidad del sistema político actual, reside la verdadera fuerza opositora, capaz de hacer frente y resistir a la degradación evidente en los procedimientos de los actores responsables de la política actual, materializada en las acciones de gobierno en el seguimiento a favor de los intereses de los grandes financieros y en detrimento progresivo de los niveles de bienestar alcanzados hasta aquí por las masas populares e igualmente en contra de los de los derechos de los obreros con respecto a las condiciones de trabajo con el consiguiente agravamiento continuo de las dificultades económicas y en progresivo aumento de las mismas, para las capas sociales más desfavorecidas de los jóvenes, de los viejos y de los inmigrantes.

Las manifestaciones del 15-M y las subsiguientes concentraciones en las plazas de las ciudades de España, realizadas por jóvenes en su inmensa mayoría, resultaron las reacciones más próximas de la llamada a la expresión de los sentimientos de indignación. Pero, al mismo tiempo, a las muestras de curiosidad, del principio, siguieron después las de apoyo y simpatía, expresadas incluso mediante la participación de otras gentes de edades más avanzadas. Tanto los medios de comunicación como los políticos, aunque con mal disimuladas renuencias para aceptar las formas y quizás con cierta desconfianza, paradójicamente, tampoco dejaron de expresar su acuerdo con el fondo de las protestas.

Todo este acuerdo genéricamente manifestado venía a confirmar elocuentemente el reconocimiento de que casi la totalidad de la población compartía con los manifestantes las mismas inquietudes y certezas que movían a la protesta y las cuales, siendo todas los frutos variados de la expresión del rechazo e indignación motivada en la situación socio-económica y política actual, podían resumirse globalmente de la siguiente forma: Las concentraciones y los apoyos recibidos constituyen la evidente manifestación «*pacífica*» de rechazo de la población de España hacia las actuales directrices políticas, no sólo del gobierno, sino a las dominantes en los comportamientos partidarios («*partitocracias*»), las y los cuales, a espaldas de los intereses generales del pueblo y en perjuicio de los mismos, van dirigidas a proteger, salvaguardar y promocionar exclusivamente los beneficios de los grandes banqueros y los mercadeos financieros de Europa y del mundo entero. Nuestra democracia no es otra cosa que la expresión de esta realidad. Por tanto, en este momento electoral, el movimiento 15-M no se siente representado por los grandes partidos, PSOE, PP e IU, que conducen la política española y de aquí la indignación y la exigencia de la «¡DEMOCRACIA REAL, YA!»

Entretanto, mientras transcurrían los momentos de las concentraciones en las plazas, coincidentes con los más álgidos de la campaña electoral, los representantes de los partidos políticos, en general, en sus declaraciones públicas ante los medios de comunicación ordinarios, al igual que los responsables del Gobierno del Estado en las suyas, se mostraban comprensivas y cautas, tanto con las reivindicaciones del movimiento como con las acciones que se estaban realizando, precisamente, en contra de la ley electoral vigente y de los partidos políticos mayoritarios, por los cuales, según los movilizados, éstos proclamaban no sentirse representados. Así mismo los medios de comunicación, a través de la prensa radio y televisión, daban cumplida cuenta del fenómeno que se estaba desarrollando principalmente en Madrid y Barcelona o Sevilla, pero que se extendían a muchas otras de las ciudades de España.

Pero no todos fueron parabienes, simpatías o muestras de comprensión o conformidad, aparente o no, sino que también, y de entrada, se oyeron y leyeron voces disconformes y críticas con el movimiento, y no sólo desde medios afines a las tendencias más conservadoras, sino de otras, bien individuales procedentes de medios alternativos de carácter crítico-reflexivo, o bien procedentes de organizaciones políticas de partidos minoritarios de carácter socialista o comunista no convencionales. Válganos de muestra estos dos ejemplos:

En el primero, un artículo (25-05-11)[1] firmado a nombre de MARAT, y ya desde el titular, se advertía que, para él, lo que había estallado el 22 de Mayo en las plazas no era otra cosa que el espíritu del 15-M, que con su carga de anti partidismo global, tras un largo proceso de evolución, había llegado, cual anuncio inesperado y aparentemente espontáneo, como una premonición del triunfo de *«la derecha reaccio-*

[1] www.kaosenlared.net/noticia/espiritu-15m-estallo-22-mayo

naria». A pesar de que este movimiento se declaraba asambleario y de carácter horizontal, contrario al dominio de las jerarquías verticalistas de los partidos tradicionales al uso sobre sus bases —y no podía ser de otro modo, si preconizaba el triunfo de democracia real contra las «*partitocracias*» no representativas de los intereses populares mayoritarios—, en realidad, tal espíritu había contado con inspiradores, directores y cómplices voluntarios e involuntarios, patrocinadores quizás y, al fin, beneficiarios esperanzados de los frutos que pudiesen madurar gracias al calor de las protestas masivas de la indignación. La argumentación se desarrollaba en tres líneas básicas.

Por la primera, el autor indagaba afinidades de las ideas conductoras del 15-M con las vertidas por Mario Conde en una serie de artículos publicados entre el 13 y el 23 de mayo, en coincidencia con el período de campaña el electoral y los momentos más llamativos de las movilizaciones, esto es, los de las concentraciones de los «indignados en las plazas». Las observaciones de Marat, perfectamente hilvanadas, aunque en otro orden diferente a éste que proponemos, nos llevan a que sean reconsideradas en la siguiente sucesión de hechos, ya sugeridos o destacados en su artículo:

1) En su día, Mario Conde pagó las deudas económicas del residual CDS de Adolfo Suárez, «*un partido que pretendía superar las contradicciones izquierda-derecha —¿les suena la idea?— para ... situarse en el pensamiento liberal "progresista"*».

2) «*Lo compró (el CDS) como si fuera una empresa*» para presentarse con él a las elecciones generales de 2000, si bien no llegó a lo esperado.

3) Pero Mario Conde, en los 90, demostró que «*es un personaje de raza*» al escribir un best-seller político llamado «*EL SISTEMA*» «*—¿Les suena la expresión tan empleada estos días por los practicantes del campismo urbano?— La tesis de dicho libro consiste en analizar el carácter oligárquico de las relaciones entre los poderes económico y político pero poniendo el énfasis en la parte política, justo como los portavoces del movimiento de los "indignados", y dejando la económica y social en un lugar secundario*».

4) En mayor proximidad temporal, 1 de enero de 2011, a través de LA FUNDACIÓN volvemos a encontrarnos virtualmente con Mario Conde, el cual en el artículo «*La Fundación Civil*» nos da cuenta de que, desde aquí, «*contemplamos como comienza a materializarse un deseo profundo, algo que quizás también sin rubor calificaríamos de sueño, cuanto menos de propósito, de*

aspiración, de anhelo». Se trata de la realización del proyecto mediante el que la Sociedad Civil pueda dejar oír su voz configurada *«como un aserto que debiera ser seguido, por aquellos que deberían administrar, y sólo eso, a red pública, puesto que proviene de quienes, en puridad, son los que designan a los administradores de sus bienes y servicios comunes».*

5) Otra observación de Marat, sobre la cita de una carta al director de un periódico manchego *«La Nueva Alcarria»*, nos lleva a relacionar las motivaciones de dos proyectos, que, aunque de promoción distinta y, en principio, quizás, de carices ideológicos muy opuestos, coinciden en el tiempo: Los *«La Fundación Civil»*, presentada por Mario Conde el 16 de febrero, en el Hotel Intercontinental de Madrid y los de la constitución de las Mesas de Convergencia, a cargo de *«gente plural y relevante de la izquierda, independientes: escritores, periodistas, políticos, profesores, intelectuales, sindicalistas etc.», para cuyo acto se reunían en asamblea el 19 del mismo mes, en el auditorio Marcelino Camacho de la misma capital. Si Mario Conde habló en su conferencia de la necesidad de vencer el miedo, de tener convicciones y de participar activamente, pasando de la palabra a la acción. La Fundación «cuenta con cientos de apoyos, es independiente de cualquier partido político, carente de finalidad política directa y dirigida a que la sociedad civil ejerza los derechos y el protagonismo».* En cambio, el objetivo públicamente reconocido por los reunidos en la asamblea en el auditorio era el de impulsar un proceso de acercamiento y convergencia de todos los sectores y sensibilidades de la izquierda para ir conformando una respuesta unitaria a la situación política actual, procurando una nueva alternativa al statu quo de los partidos en la política actual.

6) En relación a ambos fenómenos y con respecto a ellos, Marat también nos lleva a reflexionar igualmente sobre la expresión de los deseos de autor de la carta: *«Todas estas iniciativas deberían formar un todo, algo único, un agregado social, un movimiento que defendiese los derechos de la sociedad y buscase a esta como dueña de su propio destino y como principal protagonista». «Ojalá que las mesas de convergencia, la fundación civil y tantas otras busquen esto, deberían hacerlo y deberían aglutinar, no sólo a la izquierda para hacer posible otra izquierda. La alternativa no es crear otra izquierda para salir de esta izquierda, no es pensar que otra izquierda es posible, no es conseguir articular otra alternativa política de izquierdas creíble a la sociedad; la alternativa es que la sociedad intervenga y participe de una forma activa, efectiva y real en el proceso de gestión de su país».* Sobre todo lo que nos advierte Marat, que precisamente por algo habrá sido este el discurso empleado por quienes han activado los acontecimientos sucedidos en este tiempo coincidente con el de la pasada campaña de las municipales y autonómicas en el Estado español.

7) Finalmente, a través de la lectura de los ya citados artículos de Mario Conde, publicados entre el 13 y 23 de mayo por la Fundación, http://www.fundacioncivil.org, así como desde su participación en los debates en el programa «*El gato al agua*» del canal de TV Intereconomía, en el mismo período, se pudieron seguir sus reflexiones y su interpretación teórica de los sucesos, los relacionados con movimiento 15-M con respecto al desarrollo electoral e incluso se puede entender el sentido de sus previsiones al hilo de los acontecimientos, su inclinación opcional y en definitiva la verdadera opción de sus apuestas hasta llegar a lo que aquí consideramos (nosotros, por nuestra cuenta) como la declaración satisfactoria final de esta (su) primera etapa de reflexiones:

«En 1994 escribí que la reforma del Sistema era algo inevitable y que si no se hacia de motu propio tendríamos movimientos sociales demandándolo. Diecisiete años después vimos el 15-M. Sigo pensando lo mismo, claro. Una batalla no es una guerra. Pero las cosas parecen ser de un modo. El movimiento de fondo continúa, claro, pero volvemos a recorrer el mismo camino. Ayer la clase política obtuvo un triunfo rotundo en un momento en que se la cuestionaba por todos los costados. Así son las cosas. Así que a pensar y reflexionar que es lo que toca, porque la hora de votar/no votar ya pasó. Con todas sus consecuencias.
Buenos días a todos y felicidades a todos los votantes del PP de este Foro. Su triunfo es descomunal e inapelable. Y todo parece indicar que lo de ayer se repetirá en las próximas elecciones generales, sean ahora o en el año que viene».

MARIO CONDE

Y así es como Marat nos ha llevado, no sólo a la observación de las concomitancias entre el discurso de los indignados del 15-M y su posible fuente de inspiración teórico-práctica, sino como igualmente nos advierte de que «*el proyecto de Mario Conde —Fundación Civil—, el ex banquero convicto por gestión irregular de los fondos del Banesto, está teniendo un éxito relevante, no sólo por la expectativa que creó en los círculos influyentes de los cenáculos políticos, grupos de presión y de comunicación y su importante número de seguidores, sino sobre todo por su capacidad de generar un "consenso" de ideas, proyectos y estrategias a su alrededor*».

Aunque, en el proceso de su argumentación, Marat todavía continuaba en una segunda línea, por medio del siguiente enlace: «*El señor Mario Conde, en el blog de su Fundación Civil, ha sido uno de los "hombres de pensamiento" y acción de la derecha más respetuosos y simpa-*

tizantes que conozco de Democracia Real Ya y de los campistas del 15-M. De hecho, muchos de los que participan en el blog como comentaristas de los artículos de su venerado líder se declaran cercanos, simpatizantes o participantes de dicho movimiento». Y de los cuales nos daba cuenta cumplida remitiéndonos a los artículos del foro citado arriba, aunque aquí citaba, en concreto, a estos otros, como «*amigos poco recomendables de los "indignados"*»[2] :

- LORENZO ABADÍA, de profesión inmobiliario, es el Secretario Ejecutivo Provincial del Partido Popular de Zaragoza y simpatizante con los del camping del 15M, hasta el momento en que dejó de serle útil porque el trabajo ya estaba hecho. El último post del día 21 de Mayo en su blog «*Mando a Distancia. Herramientas Digitales para la Revolución Democrática*» no es otra cosa que su llamada a la desactivación de un movimiento que ya cumplió su objetivo: contribuir al éxito arrollador del PP el pasado 22 de Mayo.

- *EL SEÑOR* BERNARDO RABASSA, presidente del Club Liberal «*Español*» —que estuvo entre los primeros apoyos de «DEMOCRACIA REAL YA», aunque luego eclipsara su vinculación al grupo y que mueve a más de 20 organizaciones de derechas que no tienen por qué ser ajenas al PP—, escribía en noviembre de 2010: «*Esperamos que la enorme difusión, dada a nuestra Convocatoria —llamaba a la unidad del pensamiento liberal—, redunde en la masiva asistencia a la misma de cualquier organización de la Sociedad Civil que lo desee, con absoluto respeto a su credo político, como en la Platajunta del 73-76 donde nos juntábamos desde Marxistas leninistas a Comunistas, Socialistas, liberales y democristianos, unidos frente a la Dictadura, como ahora lo hacemos frente a un estado de la Nación que nos lleva directamente al fracaso como Pueblo, estado y Gobierno*» ¿No les dice nada de aquel Manifiesto de DRY de «*unos nos consideramos más progresistas, otros más conservadores*»? Transversalidad le llaman a esta extraña mezcla política que no busca otra cosa que desarmar a la izquierda para convertirla en un arma inútil frente al capital.

- *EL «REVOLUCIONARIO»* ENRIQUE DANS, formado en las más liberales Universidades y estudios del capitalismo norteamericano que tanto ha hecho para fraccionar cualquier posible freno al éxito más rotundo que ha tenido la extrema derecha económica y política, el PP, desde que se presentó como Alianza Popular a las elecciones municipales de 1979. Enrique Dans y sus mariachis han potenciado, a través del grupo #nolesvotes, integrado desde

[2] Relación y comentarios que, por su interés reproducimos, literal y directamente tomadas del artículo de Marat aquí utilizado.

el principio en DRY y con vínculos con una parte de los acampados de Sol, la desmovilización electoral de la izquierda. Lo han hecho mediante un mensaje hacia la izquierda, no hacia el PP, del *«todos son iguales»*, abstención, voto nulo, voto en blanco o voto a *«partidos minoritarios»*. Esto último sin ninguna orientación del voto, no en clave de siglas, sino de votar a quienes estuvieran próximos a los postulados del movimiento de los supuestos *«indignados»*. Cuando lo que se manda son mensajes confusos y contradictorios lo que se busca es confundir al personal para potenciar las posibilidades de éxito de la lista más votada, en este caso la extrema derecha del PP ¿Qué le importan los parados, los precarios, los desahuciados o los que engrosan cada día las listas de personas que duermen en la calle a este experto en dirección y gestión de empresas por una de las Universidades más destacadas en pensamiento económico liberal (UCLA) de USA y personaje clave desde el principio en esta *«revolución naranja»*?

• *RICARDO GALLY*, creador del sitio *«menéame»*, pretendidamente pluralista, desde el que se dieron los primeros impulsos a *DEMOCRACIA REAL YA* y que no ha tenido inconveniente en apoyar a esta plataforma incluso implicándose personalmente, tanto con ella, como con el grupo #nolesvotes.

• *IU*, cuyos contactos previos de ensayo de la «transversalidad» con grupos un tanto sospechosos por origen y orientación política la han convertido en una organización oportunista para la que vale todo en pro de la supervivencia de sus políticos profesionales. Dicha transversalidad se ha centrado sobre todo en el objetivo del cambio de la Ley Electoral y para ello no ha dudado en reunirse con la Plataforma «Democracia Participativa», muy cercana a los auspiciadores originales de DRY, celebrando reuniones, muy poco antes de la creación de Democracia Real Ya, con gentes de ideología muy poco recomendable, entre otros Fundación Civil, Social Party, el Tea Party de Red Democrática (al que pertenece Lorenzo Abadía, el del PP) o la extrema derecha de Partido para la Regeneración de la Democracia. A esa IU tan transversal con grupillos tapadera del PP y tan entregada a una indignación más que justa pero manipulada desde arriba y desideologizada habría que preguntarle cómo le ha sentado ese viaje hacia el encumbramiento electoral del PP y qué papel jugará en el futuro próximo ante unas generales en las que el PP arrasará de nuevo y acabará todo el trabajo de contrarreforma liberal allí donde el PSOE no se ha atrevido a llegar.

Siguiendo su argumentación, por una tercera vía, Marat refuerza la hipótesis reflejada a partir de los resultados de los hechos argumentados en las líneas anteriores, observándonos aquellos como consecuencia lógica de estos. Y así que, según Marat:

a) El mensaje del movimiento 15-M, de que todos los partidos son iguales de corruptos, refiriendo al PSOE, PP e IU, no podía funcionar para el PP; a los votantes del PP no les importa la corrupción de sus dirigentes. Y lógicamente el barrido electoral se dio en las filas del PSOE.

b) Fue el PSOE quien gestionó la crisis del capital. Y la indignación ciudadana se centró en esta causa. Pero el triunfo del PP necesitaba además la desmovilización de los votantes del PSOE. La irrupción de la consigna eficaz (el PSOE igual al PP) al final de la campaña, naturalmente, causó el efecto buscado —igual que lo del 11-M del 2004, pero a la inversa; aunque esto no es de Marat, sino que lo añado yo (las leyes de la efectividad publicitaria, hoy en día, están perfectamente estudiadas)—. «*¿Por qué no irrumpieron antes? Lo mismo es de llamativo —observa también Marat— que los acampados y DRY se hayan negado a hacer una valoración pública de los resultados del 22-M. El más les delataría, como el menos sería lo mismo que publicar su fracaso. El "nos da igual" no procede en absoluto, puesto que los dos contendientes (el PSOE y el PP) son para ellos lo mismo. "Ahora tenemos una izquierda social más desmovilizada, más derrotada y debilitada y a la que leemos o escuchamos absurdos discursos del tipo las elecciones no importan, el pueblo está harto y la abstención es cada vez mayor. Pues no es verdad. La abstención ha bajado del 36,03% de 2007 al 33,77% en 2011. Pero ha afectado sobre todo a los votantes de izquierda. La derecha, el PP, CIU, UPN, UPyD, PNV, PAR, las derechas insulares, ...han salido a votar en formación militar, con la mirada larga y sin el menor flaqueo en sus filas*».

c) Pasada la cita electoral y vistos los resultados, se debilitó el bullicio de las plazas, particularmente en la de Sol. Las acampadas quedaron en sombras de lo que fueron y cesó la fogosidad y el frenesí religioso de los brazos y las manos elevados a los cielos. Los observadores pasaron a exhibir su indiferencia ante los acampados, y las declaraciones elaboras por DRY o por los campistas ya no ocupan en los medios más que un lugar, secundario, si acaso, y apenas sí son citadas, como antes, en declaraciones públicas. Mientras que el poder del PP logra imponerse en las instituciones del Estado (porque «*Estado son también las autonomías y los ayuntamientos, ocupados en insultante mayoría por la derecha reaccionaria*»), la calle «*ya se está despejando porque muchos de quienes la ocuparon se sienten hoy perplejos y estafados*».

d) Y es que «*el merecido castigo al psoe no ha pasado por el avance de proyectos de izquierda, social y económicamente progresistas*». Sino que el énfasis de la crítica se ha centrado en la política institucional, en los políticos, culpándolos de someterse a los banqueros, pero sin advertir que aquellos han perdido el poder de intervenir en la política económica de los mercados que actúan a favor exclusivo de los intereses del capital. «*Plantear las cosas en estos términos, sin centrar la cuestión en la lucha de clases*» y de enfrentamiento con el capital, forzando la composición de gobiernos fuertes y capaces de frenar y superar la situación política, para reorientarla, cuando menos, en un sentido regulador del equilibrio social, es lo mismo que limitarse a exigir a los gobiernos que les supla en el ejercicio del papel que sólo las clases populares pueden ejercer.

e) En definitiva, el situar a todos los partidos en el mismo lugar, identificándolos y manteniendo una posición reaccionaria al compromiso organizativo clásico, descalificando los proyectos de emancipación socialista y revolucionaria, tachándolos de antigualla ideológica, no conduce a que los medios de comunicación social transmitan el mensaje de las corrientes más avanzadas de los ciudadanos y de los trabajadores, sino el de quienes asumen la comunicación del movimiento real al tiempo que marcan el paso. Y «mientras la batuta que marca los pasos de los campistas esté fuera de esas horizontales asambleas y siga moviendo hilos que atrapan a la izquierda y a los sectores populares en un diseño que va dirigido a desarmarles para fortalecer el bloque hegemónico que se estructura alrededor del PP no habrá ninguna spanish revolution, al menos en un sentido progresivo de la historia». Además, al hilo de una de las últimas razones de Marat, promover el discurso del todos son iguales, no sólo llevará, como ya se ha visto, a reforzar definitivamente el rechazo al PSOE, en momentos electorales decisivos, sino que «ayudará a que no se proyecten con fuerza otras alternativas, otro modo de hacer política y otros destinatarios de las mismas». Y servirá, también según el mismo, para debilitar o anular la voz pública de quienes están realmente dispuestos a hacerse eco de las luchas sociales.

Como segundo ejemplo crítico con el movimiento del 15-M, más o menos coincidente con el anterior, pero procedente de una organización política minoritaria, nos podría servir la declaración del CE del PCPE (Jueves, 19 de Mayo de 2011) sobre el mismo, puesto que, también para este partido, «*las movilizaciones iniciadas el 15-m responden a una estrategia de bajar la presión a la olla social y evitar respuestas de contenido clasista*».

En dicha declaración, anterior al artículo de Marat, se observaba que tales movilizaciones, bajo el lema «DEMOCRACIA REAL YA» se soportaban «sobre el nivel de hartazgo de una parte importante de la base social», ante las consecuencias que la crisis capitalista está teniendo sobre las condiciones de vida de la clase obrera, afectando negativamente a sectores bien formados profesionalmente y con amplia capacidad intelectual, al igual que a otros sectores populares y principalmente a los jóvenes, todos los cuales, sienten «*cómo las condiciones de vida que se prometían bajo el capitalismo no están siendo satisfechas, sino todo lo contrario, se frustran*». Siendo las causas de la agudización de la lucha de clases en España un hecho objetivo, sistemáticamente ocultado por el bloque del poder, esta situación, junto con la privación de la herramienta política en manos de la clase obrera, así como la falta de desarrollo de un proyecto sindical clasista, esto es, «*ante las insuficiencias del elemento subjetivo revolucionario*», se dan las condiciones que conforman el caldo de cultivo de este movimiento de confusos orígenes y mediante el cual sus diversos componentes «*buscan salida a su descontento por medio de expresiones reformistas y pequeñoburguesas, claramente manipulables por parte del sistema para evitar la elevación de la conciencia y el posible estallido social con un sentido transformador*».

Para el PCPE, en este caso, la utilización de las «redes sociales» es un elemento muy convenientemente útil para determinados sectores interesados en desprestigiar las formas de organización de la clase obrera. La evidencia de las movilizaciones, con el apoyo propagandístico mediático consecuente y la propagación de un programa de corte reformista, basado en planteamientos idealistas[3], todo ello, pasando por el uso y divulgación de términos en sentido despectivo como «*clase política*», «*partidocracia*», etc., no sólo apuntaba a que el desarrollo de los acontecimientos condujesen a una salida para la presión de la olla social para que todo volviese a situarse en coordenadas asumibles por el bloque dominante que continuase con sus políticas antiobreras para tratar de remontar la crisis sistémica, sino que «*no cuestiona para nada la validez del sistema capitalista; sencillamente, trata de reformarlo para que funcione*», alejándonos de una salida socialista revolucionaria a la actual crisis estructural del sistema capitalista.

[3] Como el de que la crisis económica es fruto, en parte, del mal funcionamiento de los mecanismos «democráticos» de un país como España (homologable a los del resto de países de la UE), o el de los mecanismos de «control financiero», y la serie de propuestas que se plantean —recogidas en sus Propuestas—, que van desde la petición de bonificaciones a empresas que tengan poca contratación temporal, la exigencia de la plena aplicación de la Ley de Dependencia, la Tasa Tobin, la reforma de la Ley Electoral o la inclusión de "mecanismos que garanticen la democracia interna en los partidos".

Y ahora, creo que debo advertir que no se trata de haber traído a comentario los dos ejemplos anteriores para desvalorizar el movimiento, pues, si se tratase de esto, bastaría con seguir con Marat, el cual continúa con otros artículos buscando las fuentes de inspiración y relacionando activistas del 15-M, o bien podría utilizar otros puntos de vista, distintos o parecidos, al que yo pueda tener para avalarlo. Como podría seguir la línea del PCPE o la de cualquier otro partido comunista minoritario, para lo mismo. Sino que se trata de reflejar estos desacuerdos, a modo de paradigmas para que yo mismo pueda entender mucho mejor la razón por la cual desde esta introducción, trato de presentar la propuesta que formularé enseguida.

El propósito no es, pues, el exponer argumentos de rechazo para opinar de una feria en la cual no he estado y de la que sólo he oído hablar indirectamente. Pero tampoco lo es el tratar el movimiento desde una perspectiva absolutamente ajena como la de quien quisiese estudiar un fenómeno cualquiera asépticamente. En este caso tendría que presentar también las opiniones contrarias a las dadas, porque las hay. Marat tiene detractores. Sus artículos aparecen acompañados de numerosos comentarios que le descalifican, que le rechazan e incluso le reprochan sus argumentos como ataques totalmente infundados al 15-M. Y otros autores hay también que razonan y argumentan, buscando todo lo positivo, que para ellos, sin dudarlo, se deduce y se desprende, sin duda del movimiento. Válganos, de paradigma también, esta opinión, entresacada igualmente de «*Kaosenlared: "El 15-M no le debe nada a nadie, ni a los sindicatos, ni a los partidos, ni a la revolución anarquista de 1936 (...). Es meramente el fruto de una voluntad por parte de ciudadanos de a pie de participar democráticamente y de la forma lo más horizontal posible en las instituciones ya existentes, aunque esto suponga una reforma de las mismas. La fuerza de la no violencia, de la solidaridad y de la democracia es irresistible y tiene que ser la que marque el espíritu del siglo XXI"*». O esta otra (de Vicenç Navarro, también en Kaos), con la intención de mostrar que los errores que los articulistas conservadores (caracterizados por su hostilidad) y neoliberales (caracterizados por su condescendencia) atribuyen a los indignados, del movimiento 15-M, «*no son errores sino definiciones correctas de las causas de la crisis y que sus propuestas, lejos de ser irreales, son necesarias y factibles, mejorando considerablemente la calidad del sistema democrático español y el bienestar social de sus poblaciones»*. Como de ser lo aséptico la función dicha, tampoco podrían faltar las referencias a las encuestas, también habidas, como ésta de Metroscopía en El País:

> *Según dicha encuesta, «el Movimiento del 15-M ha encontrado un amplio apoyo entre los ciudadanos»: el (90%) opina que los partidos deben prestar más atención a lo que piensa la gente; el (51%) de electores afirma que los partidos solamente representan sus intereses y sólo el 19% cree que representan los de los ciudadanos. «La desafección ciudadana con las formaciones políticas tradicionales, especialmente con el PSOE y el PP, sirve como base para justificar esa protesta espontánea, si bien las consecuencias electorales para uno y otro partido han sido bien distintas». Los populares sienten simpatía en un 46%, mientras que los del PSOE en un 78%. «La extrapolación de ese dato permite aventurar que el movimiento ha tenido más respaldo en la izquierda, que posibles electores del PSOE se han sumado a ella, lo que puede haber perjudicado los resultados de los socialistas», sirviendo así para movilizar a sus electores en sentido contrario al querido por el PSOE, Mientras que los del PP han acudido a las urnas para mostrar su descontento. «La inmensa mayoría cree que se trata de un aviso sobre problemas reales de nuestra sociedad», pero que el movimiento no terminará convertido en un partido, ni se radicalizará, aunque «dentro de poco tampoco nadie se acordará de él».*

No obstante, pasaron las elecciones y hoy en día, a más de un mes, el movimiento aún permanece activo y manifestando su seguridad de que está en permanecer. Y de esto, dicho todo lo anterior, sigo afirmando que no estoy aquí escribiendo de ello por rechazar simplemente, así sin más, sino que aún añado otra razón: Si realmente lo estuviera, tampoco me buscaría alianzas negativas en razones comunistas, como las dichas atrás, ya que sé perfectamente que el comunismo está tan desprestigiado e ignorado, y más aún, me refiero a que lo está aquí en España, que incluso los herederos del prestigioso PCE, no sólo han buscado la forma de enmascararse buscando otra alternativa, sino que se avergüenzan de él. Y me consta por experiencia, más práctica que teórica. Sobre diez años (los últimos, del volver a estar afiliado en él) he tardado en convencerme de que lo que queda del mismo, ya no es, ni por asomo, ni sombra de lo que fue (hace más de 30 años, más los 15 de militancia) cuando yo lo conocí. Si acaso sus dirigentes aún poseen las siglas, lo hacen, según lo pienso, por una causa mezquina, por asegurarse los votos de los viejos militantes y simpatizantes, sin que éstos importen mucho ni poco, para reforzar la causa de Izquierda Unida, con la cual realmente cohabitan, que no en la comunista, sin que les importe nada que haya o no haya hoy en día un partido comunista que sirva a la clase obrera, la que más sufre la crisis capitalista. Así es que ésta tampoco es razón que me pudiese servir para avalar un rechazo al 15-M. Tampoco me atrevería a pronosticar los corolarios a los cuales llegarán, con respecto a si serán reaccionarios o no, o sea, tampoco puedo saber cuál será ese punto de llegada en el que se involucre el 15-M. Porque, si realmente no puedo hablar del origen del impulso, a ciencia cierta, ni de cuál la dirección exacta que tomará en su partida, por si acaso fuese ésta la de trayectoria a tierra, menos aún podré saber del punto dónde deberá caer. Concretamente, lo mío con respecto al 15-M es más bien intuición. Y lo es, intuición.

-2-

La intuición proviene de que establezco absoluta analogía de mis percepciones teóricas, procedentes de los medios de comunicación y otras indagaciones, con esta otra experiencia personal: Mi involucración reflexiva, después de haberlo dudado, decidida y consumada, en Convergencia por Extremadura (CEX-PLASENCIA). Una «Plataforma ciudadana» que, aunque más bien regional, o local en este caso concreto, se postuló a mi interés sobre el mes de marzo, definido como grupo político de izquierdas o más bien como «movimiento social ciudadano». Inmediatamente, según mi conocimiento, relacioné el suceso con el llamamiento a la Asamblea de las mesas de convergencia realizada el 19 febrero de 2011, en el Auditorio Marcelino Camacho de Madrid, en cuya convocatoria IU, al parecer, jugó un papel importante. No obstante, más tarde, pude saber que aquella iniciativa, ni en principio, para nada provenía de IU, o al menos nada tenía que ver con la IU local, ni con la regional de Extremadura, sino que el modelo organizativo de ésta, había «surgido inicialmente en la presentación de CEX en Cáceres, el 6 de octubre de 2010: Partiendo de las formaciones

C.C.V. (Compromiso con Villanueva), P.R.P. (Partido Renovación y Progreso), I.S.E. (Iniciativa Socialista de Extremadura) a las que posteriormente se unirían Plataforma Ciudadana de Plasencia y la Asociación Extremadura Transparente».

Mi primer contacto con CEx se estableció, a través de Javier Caso, en el mes de marzo de 2011. Sucedió en un momento coincidente con la ruptura definitiva de mi último lazo con el PCEx, organización extremeña del PCE, y de la cual, por este tiempo, ya me sentía decisivamente alejado, después de los diez últimos años de militancia. La falta de entendimiento con un ya ex-camarada, con el cual colaboraba en la tarea política en la que ambos estábamos prácticamente implicados, derivó, por mi parte, en duro enfrentamiento verbal y, de la suya, en agresión violenta. En el fondo del asunto, las causas que se ocultaban fueron, en realidad, las diferencias políticas habidas entre los dos sobre el modo de entender cómo aplicarlas al trabajo político que llevábamos entre manos, en un tiempo muy concreto, justamente electoral. Aunque, si bien, por naturaleza, no era este el mismo caso ni similar, para mí ni para él. Pero, bajo mi punto de vista, venía a reproducirse un rechazo parecido al de hacía cuatro años, cuando se le negó al camarada más antiguo del PCE de Plasencia un puesto en la lista de candidatos de IU a las elecciones municipales. En aquella misma ocasión, del 2007, también hubo enfrentamientos, no resueltos todavía, entre las dos direcciones del PCEx e IUEx. Ambas cabezas, las del Secretario y Coordinador generales de estas dos formaciones, se disputaron el puesto de candidato a la Presidencia de la Asamblea Extremeña. En aquellas elecciones IU no consiguió resultados electorales positivos y se quedó sin diputados. Pues en estas mismas fechas, de lo que ahora nos ocupa, al parecer, se volvía a repetir la misma historia en el ámbito extremeño con el PCEx e IU y, aunque no idéntico caso, «*el Partido Comunista de Extremadura (pcex), principal partido de Izquierda Unida, no respaldará la lista presentada por la coalición a las elecciones autonómicas*». Porque IU de Extremadura no permitía que los comunistas entrasen en las listas electorales para las próximas elecciones. Así era como IU-EXTREMADURA incumplía el acuerdo para la pacificación de la federación y dejaba fuera a Cristóbal Guerrero, secretario general del PCEx que había sido propuesto por el partido como número dos de IU a las autonómicas. Sucediendo todo esto, es decir, bajo el acontecer de las dichas circunstancias personales y políticas, conocí a Javier Caso, un activista social de Plasencia, como el mismo se proclama.

Poco después, Javier, que había sido testigo del altercado sufrido con mi ex-camarada, me puso al tanto, enseguida de lo que era CEX-PLASENCIA al tiempo que reclamaba de mí la colaboración en el proyecto político del cual él formaba parte: Convergencia por Extremadura (CEX) se presentaba por primera vez a las elecciones locales y autonómicas, no como un partido más, sino como una opción para los extremeños, desde la cual podrían asumir «*la tarea de Implantar una nueva forma de hacer política, un modelo ilusionante para cambiar y mover Extremadura y poner fin a décadas del clientelismo político que ahoga y paraliza el desarrollo democrático de nuestra tierra, una apuesta ciudadana colectiva donde "las personas, son lo primero"*».

A los pocos días ya me había aleccionado sobre toda una doctrina política, por medio de comunicados continuos, persistentes y masivos o remitiéndome a su blog donde exhibía sus opiniones preñadas de citas de Marx o Engels, de Skinner o William James, de Lenin u otro que viniese a cuento o que él tuviese, para la ocasión, a mano. Cada día me saturaba de E-mails a los que yo replicaba mostrándole o no mi acuerdo, cosa que él mismo, a veces, aprovechaba para escribir un artículo. Era todo un torbellino de mensajes y de ideas, con documentos adjuntos muchas veces, pero a mí no me enfadaba, sino que acabé adaptándome, de tal modo que, cuando dejó de escribirme, al terminar la campaña electoral, di en echarle de menos. Al mismo tiempo, los dos fuimos quienes se encargaron, en mayor parte, del peso de la campaña local en las elecciones municipales: de la elaboración de la lista de candidatos, agrupándolos previamente, y casi a partes iguales, de la de él y de la mía, a la hora de aportarlos; del programa, del cual Javier se encargó de reunir y enumerar el catálogo de las propuestas concretas municipales; lo mío fue conjuntarlas e idear y redactar las políticas, por temas, para llevarlas a cabo, y lo mismo nos hicimos responsables de negociar con la imprenta la edición, y de otras cuestiones de propaganda. Finalmente, en los cinco últimos días, nos encargamos también de llevar, casi al completo, el reparto masivo de octavillas y panfletos. En dicha labor, Javier, tal como pude observar, resultó ser tan inquieto y tan activo como era de abundante y productivo en las citas al exponer sus ideas. Por mi parte, tan frenética función, me llevó a desoxidarme de otros tiempos políticos de muy atrás, ya olvidados.

En la única labor que no intervine fue en relaciones públicas, que, «*in sensu stricto*», era función de Javier, por ser él el promotor del proyecto, aunque tuve la ocasión de aconsejarle. Cuando tuvo la intención de acercarse a Izquierda Unida local, con el propósito de sumarles a su idea, pude advertirle que no valdría la pena. Por experiencia de años conociendo aquel percal, sabía que los de IU, elección tras elección, no esperaban otra cosa que sacar un concejal, y a eso estaban, nada más; y por esto todos eran uno mismo, el candidato. ¿Si no habían consentido que el PCEx, su valedor principal, le acompañase en sus listas en el ámbito autonómico, cómo iba a esperar Javier que le aceptasen a él quienes también sólo hacía cuatro años que habían rechazado a sus propios, o supuestos, camaradas? Y ahora que esperaban que cierto rechazo al PSOE les facilitase, al fin, el concejal deseado, aún menos se avendrían a alianzas con extraños, a riesgo de resultar desplazado, de su puesto, su primero de la lista. Pero Javier no escuchó esta explicación y escribió al ex-camarada —al mismo del altercado, que he citado más arriba— una carta numerada de razones en las cuales expresaba sus ideas sobre el tema, para hacerles su propuesta, de esta manera, al final: «*Lo que propongo no creo que sea difícil de conseguir, se trata simplemente de articular una Candidatura Unitaria Ciudadana que podemos llamar convocatoria por plasencia, una candidatura en la que quepamos todos sin exclusiones. De no ser así, y de presentar dos candidaturas por el mismo espacio electoral, una con las siglas iu y otras bajo las de cex, es probable que de 500 votos no pasemos ninguna de las dos. Sin embargo, si somos generosos con la ciudadanía, podemos meter en el ayuntamiento a dos o tres concejales. Mi objetivo sería conseguir 5 y, como solía decir Siddhartha Gautama, "somos aquello que hemos pensado". Tengamos en cuenta, como bien nos indicaría Marx, que lo que pensamos no es más que aquello que las condiciones materiales de existencia exigen, en un momento determinado de la historia, para resolver la contradicción entre el grado de de-*

sarrollo de las fuerzas productivas y las relaciones de producción». Oficialmente, Javier no obtuvo respuesta alguna. Aunque los de Izquierda Unida, sí, tuvieron su concejal.

Sin embargo, a pesar de la actividad febril, que ha sido descrita arriba, cabe decir que la misma no había sido germinada en la causa de ninguna simpatía, ni tampoco antipatía política originaria; antes bien, fue al contrario. Su impulso primitivo brotó de la contradicción, poco después y a raíz del encuentro con Javier Caso. Concretamente, adquirió su mayor fuerza cuando éste me presentó por escrito el objetivo de CEX o, más bien, su pretensión la cual, literalmente, rezaba: «*La pretensión de CEX no es penetrar en el tejido social para gobernarlo en exclusiva, sino que, considerándose como organización nacida del mismo, se ofrece como instrumento mediante el cual los ciudadanos extremeños puedan ejercitarse ellos mismos en un nuevo estilo político en el que los movimientos sociales y entidades ciudadanas, en general, sean el eje fundamental de la transformación social necesaria, poniendo realmente en práctica un modelo de auténtica democracia participativa y cuyo ámbito de actuación será el Estado Español*». Era todo un desafío para quien consideraba que el cubrir ese objetivo, que aún no la solución, era, muy precisamente, una labor de partido. La contradicción estaba en quienes ahora se postulaban abogados de lo mismo, en lo que otros —más o menos, como IU— intentaron afirmarse con mayor antelación y, al unísono afirmaban que eran, antes que nada, movimiento ciudadano no sujeto a partidismos y enemigos de toda partidocracia. Pues, aunque lo último fuese dicho en sentido despectivo, para negar el vicio en la esencia pura, el presentarse a elecciones aún sigue siendo, hoy por hoy, la función fundamental de los partidos. Como tampoco, desde un punto de vista político responsable, resulta admisible el uso, sea intencionado o no, de términos con connotaciones ambiguas y poco claras como «*partidismo*» o «*partidarios/as*» e incluso degradantes para la función social y normal de los partidos, aunque estos en mayoría y vulgarmente no quieran reconocerla. Tal como ocurría, en este caso, con el más usado de ellos, este era «*partitocracia*» o «*partidocracia*». Para mi, lógicamente, el uso de tales términos debía ser aclarado, reducido a lo normal o corregido allí donde apareciese. Y así fue, como podrá comprobarse en el mismo programa, que irá más adelante.

Y ya a partir de aquí, aún siguiendo en la introducción, me ceñiré a las dudas personales más profundas que se me habían presentado con motivo de enfrentarme a este trabajo. No haré citas para ellas ni otros juegos malabares y me atendré a copiar lo que aún pienso, puesto que ya ha sido publicado anteriormente; me limitaré a lo que hay, sea poco o ya nos parezca mucho. Así es que, en continuidad, va la exposición de mis dudas. Mas anteponiéndome a ellas, debo anunciar el fin de la introducción, que es lo mismo que decir que fueron éstas, las dudas, lo que me llevó a idear el programa político que hemos elaborado con ocasión de las elecciones municipales de Plasencia. No tanto para ganarlas, que no era ésta la causa, sino para lograr una pauta que sea fundamental como modelo básico a seguir en democracia. De modo que sustituya a la que hoy tenemos caducada.

Por ello pienso que, en CEX, y en la intención, nos hemos adelantado al 15-M, aunque nosotros no la logramos. Mas por esto es que va por ellos, después de aclarar las dudas, por si tuviesen a bien el considerarlo, como aquí se considera: como un paradigma digno de desafío democrático para el movimiento ciudadano del 15-M.

-3-

De las dudas anunciadas, que fueron en este orden, publicadas en Kaosenlared, lo mismo que el programa de CEX- Plasencia, todas ellas, a modo de introducción de una parte del mismo, bajo el título genérico de **«Con las cartas boca-arriba»**, así fueron, aunque aquí van continuadas.

¿Por qué en este fregado?

Debió suceder hacia el verano de 1992. Pero sí, porque el último de los números que conservo de la revista AHORA, dirigida por Santiago Carrillo, tiene la fecha del 23 al 30 de mayo de 1991. En su portada, bajo el anuncio de las elecciones municipales y autonómicas del 26 de marzo, ponía en letras azules, pero gigantes, bajo lo que parecía un pórtico de madera adornado de macetas: «VOTA PSOE». Ya, por entonces, estábamos desahuciados. No había por quó ocultarlo y el editorial decía: «*El Partido de los Trabajadores concurrimos a estas elecciones mayoritariamente en las listas del psoe, para quien pedimos el voto, convencidos de que es la única opción que puede articular gobiernos...*» de izquierda. Porque «*Frente a esta opción está una derecha que aunque hoy se viste de cordero y ofrezca el oro y el moro sigue siendo la de siempre...*»

No recuerdo ni el nombre del hotel en las afueras de Santiago de Compostela. Pero allí estaban todos, para mí lo más granado del antiguo PCG, transformado, tras su expulsión del PCE en 1986, primero en PCG- Marxista Revolucionario, luego en Unidad Comunista y más tarde en dirección del PCG. Desde la mesa presidencial el camarada Santiago Carrillo les extendió su consigna. ¿A dónde ir, para aquel a quién la actividad política haya podido robar lo mejor de su energía vital, si no era, de seguir en el empeño de aquello que más hacía a su oficio, a continuar la tarea en la empresa que había contribuido a crear con su trabajo?

«*Sin embargo, un comunista en el psoe, una vez metido dentro, o renunciaba a sí mismo o poca vida tendría*» —daría en pensar más de uno—. No obstante, en aquel acto se estaba dando carta de naturaleza formal a la mismísima constatación de un fracaso continuado. El del Eurocomunismo, el de la Unidad Comunista y el de aquel que, por último, intentó llevar la voz del camarada Santiago Carrillo al Parlamento Europeo. Con el PCE a punto de iniciar la disolución en un proyecto distinto, seriamente, aquello era irse a casa o probar continuidad en el PSOE. «*Yo no me iré a ningún otro lugar, donde no haya un partido comunista en que poder militar*». En realidad, la cosa no había durado tanto. Desde 1977 a 1992, apenas la edad de un adolescente, no era tiempo suficiente para sentir el fracaso.

«*Pero no crees que hay que seguir viviendo, y para eso, con esta edad que tenemos...*» — dijo el abuelo Pillado, que no era otro que el padre del camarada más joven, una vez en el descanso del acto—. Me pareció razonable y así se lo hice saber. Sin embargo no hacía muchos años —le añadí— que yo había logrado un puesto de funcionario. No había, pues, razón alguna para callar lo dicho desde el estrado.

Y así pasaron los años. Sin partido al que votar. Anguita, no acababa de molarme, más bien me sonaba a fraile y a misión su IU, pues nunca dudé de su entrega ni tampoco de sus dotes de orador. Pero no veía claro que lo suyo fuese volver al Partido Comunista. Y sin embargo fue Frutos quien me movió. O mejor la sóla coincidencia de que se hubiese cruzado su ascensión con el declive vital que en mi vida aconteció: «*Pues para esto que queda, he de volver a votar*». Pero no me conformó, sino que fue que, además, aunque siempre disconforme con «*el ser no ser quien eres, aún sabiendo del lugar del cual provienes*», volví otra vez a engancharme. Casi 10 años duró, hasta que pude llegar a la pura decepción, que también fue descripta en Kaos, y en más de una ocasión. Si alguien quiere conocerla, al pie va la dirección[4].

Pero la historia prosigue, porque también es verdad que todo fluye, que los ríos se remansan antes de llegar al mar. Y, a lo que es en nuestros tiempos, se mueren contaminados, antes de desembocar. Aunque lo mismo es verdad que las aguas se evaporan, que llueven en las montañas y vuelven a formar ríos... Y lo es que, si aprendemos los hombres el modo de respetarlos, también los ríos podrán llegar a la mar llenos de vida y, al fin, sin contaminar, morir llenos de salud y en paz, para volver a empezar.

Lo pienso, porque me encontré con Caso y este me llevó a CEX. «¿Será una gota de lluvia?» —me pregunté—. En fin, que quise saber y esto es lo que me encontré: La posibilidad de colaborar en una opción que buscaba un proyecto democrático. Aunque de poco me valga, por lo que sé y puesto que me llega tarde.

¿Cómo fueron superadas las dudas sobre ciertos términos?

Porque las cartas ya fueron vistas arriba, aunque, en parte, estas dudas fuesen dichas más atrás, cabe el ampliar ahora cómo fueron enfrentadas al encontrarme con Caso.

Después de haberme hablado de CEX y exponerme su ideario, transcrito ya, casi tal y como consta en Kaos, hubo algunas diferencias entre su opinión y la mía, pero que ya irán apareciendo.

4 www.kaosenlared.net/noticia/confidencias-comunista-supuesto-vi-tesis-5-pcex-izuierda-unida.

En principio, sin embargo, la más notable fue aquella que se refiere al término «*partitocracia*», que, habiendo sido sustituida por «*partidismo*», en su caso, ya no apareció en el texto del programa publicado. Y es que pensé, que si bien se podía aceptar, según la definición que dieron, como dominio del aparato del partido sobre sus militantes y ajenos, el término, de salida, me pareció equívoco y despectivo, de aplicarlo al régimen político que hoy se vive en España. Creo que no se puede decir que vivamos en una «*partitocracia*», donde son los partidos quienes dominan y mandan, ni siquiera por el hecho de que sólo dos partidos sean, políticamente, casi los dos únicos dominantes, porque, la verdad ninguno de los dos manda, sino que estos (el PSOE y el PP) son fundamentalmente mandados y dirigidos bajo la dominación de los mismos intereses, del único Gran Capital. Y sí que son partidistas, en el sentido, de que ambos se postulan, cada uno, como el mejor y único servidor del mismo amo. Tal vez, mirados aisladamente, pudieran considerarse partidos «*partitocráticos*» en su funcionamiento interno, y lo mismo los demás. Y, al fin, que no exista dentro de ellos lo que llaman democracia y que, por tanto tampoco puedan extenderla a lo ajeno. No obstante, podría considerarse que eso ya es otra historia.

Pero es que ocurre que «*partitocracia*» en sentido negativo, en cuanto a su contenido, suena a pasado manido, de cuando decía el franquismo que los cruzados salvaron a España de los partidos. Así que ya usado en el pasado, en cierto modo, en cuanto al significado real y propio, el usarlo ligeramente es, además, peligroso.

Sin embargo, a pesar del hecho de que en España la democracia degenere a pasos agigantados, de modo que en los partidos —«*incluyendo a los más pequeños, como iu, cosa que ya se vio en* PLASENCIA *y aún más en Badajoz*»— no priven otros intereses que los partidarios propios, más allá de los del pueblo o de la clase que dicen representar, aquí es donde aparece CEx con su propuesta genuina. Y a pesar de la apatía política, que el interés del ciudadano demuestra, aparentemente (por si no fuese real), hacia cualquier movimiento de este estilo, aquí está CEx, definiéndose como Movimiento Ciudadano. De lo cual, por esto, después de que esta opción me evocase, antes que nada, la difuminada ausencia de otro movimiento (IU), más opaco, en este caso, que derivó durmiente, resultó que elegí este título, bajo el cual seguiré hablando de la movida de CEX: CEX-PLASENCIA: Desafío democrático[5].

Mas, por ésta, no abusaré de las palabras, sino que haré como CEX. Si alguien quiere saber cómo CEx pretende poner en marcha sus quehaceres democráticos, es decir, su alternativa democrática a esta otra que dicen, pero no hay, ahí os va el mapa conceptual acompañando al programa. No se precisan más palabras para explicarla mejor[6].

¿Qué fuerza asistirá a CEx?

Después de haber de haber elaborado el mapa conceptual sobre la estrategia de CEx , con la cual se enfrentará a la responsabilidad de tomar parte en el gobierno municipal de Plasencia, seguidamente, pensé que el proyecto, tal como está diseñado, refleja un funcionamiento realmente democrático, pues no se plantea en él promesa alguna que no se vaya a cumplir, como ocurre, y ocurrirá, en el caso de los partidos clásicos. Sino que en el mapa se evidencia que si la candidatura de CEx accede al ayuntamiento ello será a consecuencia de una primera acción de la práctica democrática. Práctica que los ciudadanos deberán ejercitar desde el momento en el que voten a CEx. Porque el que se vote por CEx es la condición suficiente y necesaria para que tal programa se ponga en marcha. O sea que el cumplimiento exige, más que nada, el voto como premisa. Y el cumplimiento será, nada menos, que el alcance del movimiento ciudadano en marcha. ¿Y no es un desafío presentarlo de este modo a quienes quieran emprender, junto con CEx, el camino democrático? Indudablemente, lo es.

Y su programa (de CEx), el cual se proyecta desde el mapa no puede ser otra cosa, nada menos que un programa total por su cualidad y el cual exige, para cumplirse, tener de mano también el gobierno municipal. Pero, precisamente por esto, de entrada, se nos presenta la duda: CEx no es un partido político, no cuenta con la experiencia, ni con la organización, ni con las fuerzas o apoyos de ninguno los parti-

[5] Se refiere al título elegido, en su día, para encabezar las publicaciones del programa en Kaosenlared.

[6] El mapa de referencia aparecerá también aquí, más adelante.

dos clásicos (ni siquiera Izquierda Unida quiso sumarse a esta opción al no escuchar la propuesta que le hicieron, por lo menos en Plasencia). Siendo así, sólo podría contar con el apoyo del pueblo, si este se decidiese por la opción democrática abanderada por CEX, entonces, ¿habrá contado, quizás, con que su primera barrera a franquear no radicará tan sólo en la inercia ciudadana, acostumbrada a no tomar parte activa en la política, reducida a los manejos partidarios, sino que lo más seguro es que se topará de frente, desde el principio, con que el mismo aparato burocrático del municipio tratará de entorpecerle en su marcha? ¿No pecará CEX, acaso, de ingenuidad?

Cierto que eso podría ocurrir. Pero no es este el caso, al menos teóricamente. Que por esto CEX, en continuidad al mapa conceptual, nos expondrá en primer lugar el primer conjunto de medidas necesarias a tomar, inmediatamente después de la introducción o presentación de las mismas[7].

¿Cómo podrán realizarse las pretensiones de CEX?

Primeramente, recordemos lo ya dicho más atrás: «*La pretensión de cex, no es penetrar en el tejido social para gobernarlo en exclusiva, sino que, considerándose como organización nacida del mismo, se ofrece como instrumento mediante el cual los ciudadanos extremeños puedan ejercitarse ellos mismos en un nuevo estilo político en el que los movimientos sociales y entidades ciudadanas, en general, sean el eje fundamental de la transformación social necesaria, poniendo realmente en práctica un modelo de auténtica democracia participativa*». Pues no es otra la intención fundamental del programa.

Si los extremeños se inclinasen por apoyar esta opción, ello significaría, en primer lugar, la expresión clara de su rechazo a los vigentes modos de ejercer políticas partidistas extrañas, cuando no contrapuestas, a los deseos e intereses de la ciudadanía. Y más aún, ello reforzaría la afirmación decisiva de los deseos ciudadanos por tomar parte activa en el planteamiento, reflexión y resolución de todos aquellos problemas que se les presentan y afectan directamente como consecuencia de la realidad económica y política que actualmente padecen.

[7] Se verá en el programa.

Pero, si tal se declara CEx en sus intenciones para el ámbito regional, no menos ambiciosa se nos presenta esta opción para el ámbito más reducido de la ciudad de Plasencia. Y de tal modo, que la propuesta de la candidatura de CEx, con vistas a su presentación a las próximas elecciones locales, bien puede considerarse, no sólo como vehículo de participación política para la ciudadanía, sino como la manifestación de un legítimo desafío democrático; verdaderamente, el único que destaca en este aspecto de entre todas las opciones electorales que se presentarán en estos comicios. Tal es, no sólo por el hecho de la composición y presentación de la candidatura de CEx al Ayuntamiento de Plasencia, sino que tal se presenta a través de sus propuestas principales, plasmadas objetivamente a través de su programa. Porque la principal característica de éste, su principal ofrecimiento es el que corresponde a la expresión de su voluntad política de constituirse en el eje dinamizador de la capacidad ciudadana para que ésta pueda intervenir directa y decisivamente en el quehacer político municipal.

Ninguna otra opción como CEx llegará a presentarse de tal modo, vinculada a sus compromisos con la ciudadanía a través de su programa. Porque en el mismo, no sólo se explicitan los fundamentos que exigen su cumplimiento, sino que, para que sus realizaciones sean posibles, se requiere la participación activa de la ciudadanía, cuyo compromiso con el programa de CEx resultará igualmente irreemplazable como condición suficiente y necesaria para que pueda cumplirse. He aquí el verdadero sentido del desafío democrático de CEx: Si los ciudadanos desean realmente participar de una opción democrática tendrán que decidirse por esta opción. Cualquier otra resultará optar por más de lo mismo.

Más allá de lo inmediato, el programa CEX-PLASENCIA no sólo se presenta como un desafío democrático e innovador, sino que se proyecta hacia el futuro como la única opción propuesta, de entre todas, a todos los ciudadanos, para salir del marasmo político en que nos hallamos. De aquí que CEx rematase la exposición de su compromiso programático reafirmándose con este llamamiento: «*A todos aquellos candidatos de otras opciones políticas para que se sumen a este programa y a los que, en su caso y en la ocasión, resulten electos para que lo asuman como manual práctico de gobierno, porque sólo la participación de los ciudadanos y ciudadanas en este proyecto posibilitará la regeneración democrática»*.[8]

¿Cómo superar las contradicciones ideológicas?

No os creáis que haya sido fácil situarse en la posición de CEx. Y aún diría que embarcarse en esta nave, para mí, ha sido bastante más arduo que el mero hecho de tomar la decisión que deben tomar aquellos que pretenden presentarse ante los ciudadanos, escudándose en un partido político para que les voten y luego confíen en su gobierno, olvidándose del tema para siempre o, como mucho, hasta la próxima hornada. No es lo mismo. Porque el apoyar a CEx constituye, en este caso, un desafío a todos los ciudadanos de Plasencia: A que sean ellos mismos quienes se apropien de las riendas del gobierno municipal para hacerlo democrático. Que a tal fin se ofrece CEx, tan sólo como vehículo legal para lograrlo, por medio del programa político que ofrece a los ciudadanos.

Admito que un comunista del PCE tendrá sus contradicciones ideológicas al empeñarse en navegar en este barco. Lógicamente, las tiene. Pero dónde no, si se decide por estar aún activo en la práctica política. ¿Acaso en IU? ¡Vamos! Si ni en el PCEx le quisieron oír hablar de materialismo dialéctico, porque a Marx ya ni mentarlo, por gorrón y anticuado. Pero aún menos de la necesidad de los combates directos, que debieran ser diarios, contra la política burguesa dominante en los partidos que hoy detentan el poder político en España, incluyendo en este tándem a la misma IU real, que este pardillo ha conocido perfectamente. Hablo de dominios ideológicos, naturalmente mentales, del subconsciente y de los cuales las obras diferenciadas a que han lugar son un pálido reflejo, de todo lo que se halla, en la actualidad política, profundamente enterrado y olvidado en el pasado aún reciente.

Y de esto, a lo que vamos. A CEx. La cuestión es la siguiente:

(En escena Herminio y Otro de CEx).

— OTRO: No somos representantes de ninguna ideología. Creemos en la

[8] Como consta al final del programa.

verdadera democracia e intentamos llevarla a la práctica de la forma más transparente posible.

— HERMINIO: No me gusta la penúltima consigna. Veo que puede resultar ambigua en la primera parte: «*No somos representantes de ninguna ideología*» es contradictoria con el «*Creemos en...* »
Yo la dejaría así: Queremos (o Luchamos) en (o por) la democracia real e intentamos llevarla a la práctica de forma transparente.

— OTRO 2° (que entra, en esto, en el debate): Muy acertada la matización, totalmente de acuerdo. Los «matices» en esto son muy importantes.

— OTRO 3° (el cual también entra, aquí): Por mi parte, ya lo he manifestado en varias ocasiones, pienso que todas las ideologías son un lastre. Los ciudadanos «*no tienen ideología que realizar*». Lo nuestro es gestionar para los intereses de la mayoría, del pueblo soberano, pegados a la realidad y evaluando sistemáticamente a través de la democracia participativa y la implicación máxima de la ciudadanía en todo aquello que se haga, tanto en su diseño, como en su ejecución y evaluación a través de auditorías tanto internas como externas. Todas las ideologías son fantasmagorías que confunden, como hasta ahora ha ocurrido a lo largo de la historia, a los ciudadanos para que estos se abracen a la irracionalidad de los «ismos», de los «ista», de las banderas y de las siglas y no logren nunca su emancipación como seres humanos soberanos. Las ideologías son el opio del pueblo y sólo sirven para narcotizarlo al objeto de que este haga dejación de su responsabilidad en la gestión de lo común. Los ciudadanos, como solía decir otro que sabía muchísimo más que yo, (Aquí, como en la misma anterior, nuestro hombre cita a Marx, aunque, en realidad, éste se refiriese al proletariado, que no a los ciudadanos) «*no tienen ideología que realizar*». Como bien dice OTRO, la mayoría hemos entrado en CEX por ser una opción que recela de toda consigna ideológica.

— HERMINIO (A OTRO): Si fuera dicho así, como dices («*Nos presentamos —o somos libres de— libres de consignas y de ataduras ideológicas*»), me valdría. De hecho, ya me ha valido. Pero, tal como está, además de contradecir a lo que sigue, crea ambigüedad. Creer en la verdadera democracia implica una posición ideológica, que además, sin definirla, sitúa al creyente en una posición política. Democracias hay muchas: la burguesa, la popular, la proletaria, la aristocrática (depende de a quien se le atribuya o del grupo que la practique. Y en cuanto a las posturas, incluso el negar la democracia es también admisible en democracia. También el fascismo tiene derecho a existir democráticamente. Hitler llegó al poder del gobierno en Alemania mediante la democracia. Con esto quiero decirte que no debemos esperar que nos entiendan, sino que debemos tratar de decir las cosas con la mayor claridad posible. No debemos confundir, ni confundirnos y debemos evitar que nos confundan.

— OTRO 3º (terciando, mientras que OTRO se calla): Esa redacción que propones, amigo Herminio, es muy acertada: Somos una opción que nos presentamos libres de consignas y de ataduras ideológicas. Pues lo nuestro es acabar con todas las ideologías que encubren la realidad y mediante las que se engaña al pueblo soberano.

(Y aquí acabó el debate).

No obstante, cabe añadir que es razonable decir que no es que Herminio no advierta que en la práctica de la democracia ciudadana no vayan a manifestarse las contradicciones de clase ni que Marx se equivocase al afirmar que «*Los proletarios no tienen ideología que realizar*», sino que de esto se trata, precisamente, que al cumplirse la primera se evidencia la segunda.

Y en resumen, como me diría Javier Caso en su presentación de CEX:

«Nuestras teorías, nuestros programas, nuestras ideas son una simple guía para la acción. La acción es la que determina lo certero de una línea programática determinada, sin praxis no sabremos lo que es conveniente; o como enunciara el amigo ***Vladimir Ilich Ulianov:*** *"Sin teoría revolucionaria no hay práctica revolucionaria", añadiendo seguidamente también, y según el principio marxista de reciprocidad, que "sin praxis, sin esfuerzo, sin lucha, toda teoría revolucionaria no vale absolutamente para nada". Para llegar de la teoría a la praxis, antes hemos de haber recorrido el camino inverso, esto es, de la praxis a la teoría.»*

¿Cómo superar las dudas del candidato sobre el programa?

Enlazado a lo anterior, el tema de la ideología derivaría en la reflexión de que las distintas formas de entender o vivir la democracia, desde distintas perspectivas, sería causa segura de contradicciones futuras, debidas a la coexistencia de clases en la función democrática dentro de un mismo grupo, en la cual los integrantes comparten poco más que un idéntico proyecto basado en el descontento y el rechazo hacia la galopante degeneración política del Estado y la sociedad, hacia la cual nos sentimos actualmente abocados la mayoría de los ciudadanos y sobre todo los escasos militantes, que aún queden, de los partidos políticos (me refiero a los de antaño).

No obstante, apenas una semana más tarde, ya debo de considerar que no es necesario esperar a que se cubra una etapa. Las contradicciones, lógicamente, ya se dan en el camino, mucho antes de que se alcance siquiera nuestro primer objetivo, electoral en este caso. Y es que nuestra candidatura e incluso el grupo más amplio al que pertenecen, aunque de trabajadores en origen es, en realidad, totalmente inter-clasista. Lo es, si es que tenemos en cuenta que todos sus individuos, ya entre ellos, cuando menos, se hayan condicionados subjetivamente por distintas influencias y variadas visiones socio-ideo-lógicas y culturales, y, consecuentemente, otro tanto ocurre en CEx como grupo, en su pretensión convergente. Coexisten, pues, en ellos distintas mentalidades y modos de ver las cosas. Y sólo la necesidad de encauzar socialmente la inquietud política que les motiva ha hecho posible el grupo.

De cuáles hayan sido las causas de agrupación lo dejaremos a un lado, porque son muchas, seguro, y aquí, para no perdernos, sólo citaremos una: el deseo general de actuación personal en la política encauzado hacia la acción colectiva que nos conduzca al fin que nos satisfaga, en este caso.

Ello nos lleva, lógicamente, a fijar en primer lugar los objetivos de actuación necesarios, teniendo en cuenta los medios, la capacidad y tiempos para lograrlos. Es decir, puesto que algo queremos hacer —y aquí se trata de transformar realmente lo que tenemos, que no satisface a nadie, en aquello que queremos— antes de iniciar la marcha, previamente, debemos planificar en qué consiste el proyecto y cómo llevarlo a cabo, y de modo que nos movilice a todos conscientemente hacia el alcance del mismo, hasta conseguirlo. Y ésta, ni más ni menos, es la función primordial y también fundamental de un programa político, bajo mi punto vista. El probar la necesidad del mismo, a mi entender, no requiere más razones; se desprende de lo dicho.

Pero si hablo de necesidad, ¿cuál no será la exigencia de que el grupo cuente con un programa, si lo que pretende es involucrar a toda una sociedad en su plan transformador? Y aún más, ¿cómo involucrarla en él sin dárselo a conocer? Tan clara es la respuesta, que a mí me resulta obvia. Y de aquí que, teniendo en cuenta la afinidad partidaria de los interlocutores, encuentre contradictorio el diálogo siguiente, en cuanto a las posturas que expone:

— EL CANDIDATO: He estado hablando con Verónica, largo y tendido. Me ha comentado y no le falta razón, que hay que ser consciente de que apabullar a los medios de comunicación en estas fechas no es bueno. Hay que seleccionar muy mucho los correos y los mensajes a la prensa, y por ende a la ciudadanía, los que, como en este caso, provengan de la candidatura. Hay que reducir el bombardeo, porque, créeme, no leen. También me ha comentado, y no lo cuento por reforzar mi razón, que el programa que le ha llegado es muy extenso, y palabras suyas que no me invento: «*esto no se lo va a leer nadie*». No creo que sea la opinión general, pero seguro que es la más extendida. Ha sido acertado, por tanto, hacer pocos ejemplares. Ella me ha recalcado que debe ser, tal y como yo dije: algo impactante, concreto y sencillo de leer. Pero bueno no quiero levantar ampollas con esto, aunque me temo que el tiempo me dará la razón. Será más acertado hacer lo que hablamos, enviar la carta (del candidato), con el mensaje limpio, transparente y claro, no como vino de Mérida, y hacerlo unos días antes de los comicios.

— HERMINIO: No sé quién es Verónica, pero dudo de que entienda cuál es la finalidad del programa y sus verdaderos objetivos. Que no es sólo uno. Y tanto, que de uno de ellos ya está comprobado que lo ha cumplido. Tu carta a los ciudadanos no se entendería sin él.
En cuanto a que no lo lean aquellos para quienes fue escrito, esto ya se verá. Por otra parte, lo más extendido no tiene por qué ser lo más acertado, ni eficaz. La medida de las cosas debe ejecutarse teniendo siempre en cuenta la finalidad para lo que fueron creadas. Y, justamente, con el resumen exacto del programa, totalmente razonado, pero en 10 oraciones compuestas subordinadas, no más, repartiremos 10.000 octavillas y otras 10.000 con la candidatura e invitando en todas ellas a que la ciudadanía te elija como Alcalde de Plasencia. El programa no admite otra cosa. Y este es su principal objetivo.

— OTRO: (Que, en estas, entra en el tema) Aunque quizás sea entrar en un debate que no es el mío, daré mi opinión: «LO BUENO, SI BREVE, DOS VECES BUENO», y aunque la máxima no sea mía, la asumo, y mucho más en estos momentos de bombardeo de noticias y opiniones: debemos transmitir ideas sencillas y breves, y nada de textos largos que nadie lee. Sencillez y brevedad, sin renunciar a la profundidad y honestidad de las ideas.

— HERMINIO: (Aunque entendiendo que se habla del programa) Me gustaría saber a qué te refieres. Porque, muchas veces, para demostrar que una cosa es buena, se necesita toda una vida y aún así no se consigue. Y es que quizás no se trate de demostrar nada, sino tan sólo de evidenciar. No obstante, tanto sea el microcosmos como el cosmos infinito, para el hombre sabio, son toda una eternidad. Y es que no todo es cuestión de ver, sino más bien de observar. En cambio, para los ojos de un ciego, por el tamaño, tan irreal es la pulga como lo es un elefante.

— OTRO: (Insistente) Lo ideal es hacer compatible la poesía y la prosa. Y ambas con la filosofía. Pero en tiempos de marketing y mercadotecnia electoral, o somos certeros a la hora de llamar la atención de los ciudadanos o no existimos. Es tan duro como real. A partir de esta realidad, en mi opinión, podemos y debemos dirigir nuestros esfuerzos para que echen la papeleta en la urna. En estos tiempos sólo funciona la lógica electoral. Pensemos en ganarnos el favor de los ciudadanos y tiempo habrá de analizar con generosidad, lo hecho.

— HERMINIO: (Cabreado, en sus adentros) ¿En qué quedamos? ¿Estamos por el marketing mercadotécnico de la «*partidocracia*» o en otra cosa? O bien ¿En base a qué deberán votarnos? El movimiento se demuestra andando. Creo. Me parece estar de nuevo en el PCE o, peor, en IU. Dime que no me he equivocado; o que sí. Y quizás así me sienta reconfortado. Y si no, ¿a qué jugamos?

Naturalmente, aquí se acabó el debate. ¿Debo temer que esto fuese porque debe proseguir el juego, aunque sea sin aclararlo? No lo sé, pero concluyo que si CEx se ofrece al pueblo «*como vehículo legal de participación democrática, mediante un programa cuya consecución le compromete necesariamente a realizarse en un gobierno con el pueblo para el pueblo y por el pueblo*», forzosamente, por esto, se obliga con ello CEx a mostrar su programa para que el pueblo, si le apetece, lo lea y se adhiera a él, si lo juzga conveniente. Cosa muy distinta es que quiera ofrecerse al pueblo como lo hace el PSOE el PP o IU, mediante un catálogo de promesas de los de usar y tirar. Y, en fin, que no es lo mismo ofrecer lo que uno vende que decirle al ciudadano que, si quiere de verdad la democracia, sólo él podrá lograrla, mas tendrá que trabajarla. Lo único difícil, pienso, es que le llegue el mensaje, pues, entre tanto ruido, casi nadie lo percibe. Sin embargo, nuestro programa seguirá el curso marcado hacia el Mar del Conocimiento.

Donde, sin duda, las dudas se disiparon:

La inmediatez del cierre de la campaña, de la cual, por motivos de organización, nos vimos obligados a perder los días de la primera semana, os obligó a puntualizar para los medios de comunicación, lo siguiente[9]:

Nuestra candidatura, es decir, la opción que representa, es la única que aporta algo verdaderamente importante y novedoso de cara a la próxima legislatura para el gobierno de la ciudad de Plasencia, tal como consta detalladamente en su programa.

1. Porque su programa no se limita a desgranar una serie contable de promesas, las cuales se cumplirán o no a voluntad del gobierno de turno, sino que el de CEX se reafirma en el modo de realizarlas, ofreciéndose a los ciudadanos para que sean ellos mismos quienes intervengan directamente en la selección de prioridades, planificación y desarrollo o ejecución de las propuestas.

2. Porque el objetivo esencial del programa es alcanzar la democracia real y plena para el municipio de Plasencia a través de un gobierno con el pueblo, por el pueblo y para el pueblo.

3. Porque, con toda claridad, aunque condicionados por la pobreza de medios propagandísticos y en inferioridad de condiciones, con respecto a los grandes partidos, seguimos declarando con firmeza, a través de nuestra campaña, que sólo con el apoyo del pueblo a nuestra candidatura y la posterior participación de los ciudadanos, será posible la realización del proyecto de gobierno que ofrecemos al pueblo de Plasencia.

En definitiva, porque somos conscientes de que nuestra candidatura junto con el programa que presenta significan un desafío democrático a la ciudadanía placentina, para que esta, por mediación de CEX como instrumento de uso legal para el pueblo, asuma la responsabilidad de gobernarse a sí misma.

Nada mejor, para evidenciarlo, que reproducir a continuación el programa en toda su extensión e integridad y hacerlo público, dándole la mayor difusión posible para que llegue a manos de todos los integrantes del movimiento del 15-M, y lo puedan tomar como modelo, mejorable, por supuesto, porque si por algún sitio deben empezar a

[9] (www.kaosenlared.net/noticia/cartas-boca-arriba-cex-plasencia-desafio-democratico-vi)

ejercitarse en la Democracia Real ¿qué mejor que comenzar por llevarla a las instituciones básicas del Estado, ya que otra cosa no son los municipios?

PROGRAMA ELECTORAL DE CEx
ELECCIONES MUNICIPALES
PLASENCIA - 2011

A LA CIUDADANÍA DE PLASENCIA

A partir de esta introducción iremos desgranando las propuestas que hemos recopilado de la ciudadanía de cara a su inclusión en nuestro programa electoral municipal, al tiempo que conformábamos la candidatura para acceder al gobierno de la ciudad de Plasencia. Deseamos que las reconozcáis, pero que las contempléis no como un todo cerrado, sino como punto de partida estimulante para que como ciudadanos/as podáis continuar realizando las aportaciones y sugerencias que consideréis convenientes y adecuadas a nuestro proyecto.

Si depositáis vuestra confianza en este programa, en próximas fechas os invitaremos a participar en las asambleas de Convergencia por Extremadura (CEX)-PLASENCIA en las que se comprobará que todas vuestras/nuestras aportaciones habrán llegado al punto en que veremos que sólo de nuestras manos y trabajo dependerá la posibilidad de verlas realizadas.

Por ello, en primer lugar, transcribiremos una vez más ante vosotros, los principios básicos del sentido común que nos guían y guiarán en nuestra actuación con la vuestra, como CEX, en el papel MOVIMIENTO CIUDADANO para la realización del proyecto, ya elaborado:

a) Como punto de partida y arranque de nuestro programa electoral municipal de CEX-PLASENCIA, creemos necesario recalcar que Convergencia por Extremadura (CEX) - PLASENCIA es un MOVIMIENTO CIUDADANO que no renuncia a participar en todos los ámbitos de decisión hasta donde sea posible. CEX-PLASENCIA no está vinculada a ninguna entidad partidista.

b) En CEX pensamos que toda vinculación entre nuestro MOVIMIENTO CIUDADANO con cualquier organización partidista no contribuye a que el proyecto vaya en la buena dirección, por muy buenos que sean los ideales o enriquecedoras las propuestas que lleguen a CEX desde ámbitos partidistas.

c) CEX, lo mismo que todos los ciudadanos, constata que durante 30 años hemos visto como los partidos han derivado sus actividades públicas en función sus exclusivos intereses partidistas y no en función de las necesidades reales y de interés para el pueblo.

d) El discurso de CEX es claro y recalca, insistentemente, que nuestra tarea es trabajar con, por y para el pueblo; y que, por ello las siglas son algo que nos identifica, pero que en nosotros carecen de importancia absoluta como tales, sino que su valor es secundario.

e) CEX no desea tener vinculaciones partidistas, pues queremos dejar claro y decir de forma rotunda que nosotros no creemos en las prácticas partidarias ni en modelos partidistas.

f) Los modelos partidarios tuvieron su papel durante la transición, pero en el tiempo transcurrido, desde ese momento histórico hasta ahora, han perdido su función, derivando al partidismo. En CEX creemos que hay otra forma de hacer política social sin estar vinculados a ninguna práctica partidista e, incluso, ni con ideas que no sean otras que las que nos conduzcan a trabajar con, por y para la ciudadanía.

g) Que si la gente cree en lo que podemos hacer como CEX, que se sumen y voten por esta opción, porque no estamos para quitar votos a nadie para el beneficio de otros, sino que la suma y el voto sólo podrán ir en beneficio de la ciudadanía. Y esto debe quedar claro, desde el principio.

h) Por tanto, insistimos en decir que CEX-PLASENCIA es un MOVIMIENTO CIUDADANO que no renuncia a participar en todos los ámbitos de decisión hasta donde sea posible, que por ello no está vinculada a ninguna organización partidista, ni lo necesita. Una cosa es que una organización simpatice y anime a participar a sus miembros o a la ciudadanía en general en CEX-PLASENCIA, pero eso no ha de significar que CEX se encuentre vinculado a ninguna entidad partidista.

Para la realización de nuestro programa, nos conduciremos, igualmente, según las pautas antedichas, creando en primer lugar los canales de información y participación necesarias e imprescindibles para:

- Que el Ayuntamiento se reconvierta, de una vez por todas y realmente, en una Institución al servicio de todos los ciudadanos.

- Que los ciudadanos puedan participar, verdaderamente, en la toma de todas las decisiones que les afectan.

- Para que ninguna decisión de la administración municipal, sobre intereses de las personas, asociaciones o grupos de vecinos, sea tomada a espaldas de los mismos y sin previa posibilidad de confrontar las opciones que ellos hayan propuesto o propongan como alternativa a otras ajenas.

Mediante este mapa conceptual, CEx pretende explicar de un modo sencillo y claro en qué consisten sus quehaceres democráticos y cómo llevará a cabo la alternativa democrática que propone para el ayuntamiento de Plasencia.

MOVIMIENTO CIUDADANO O CEx
-ESTRATEGIA-

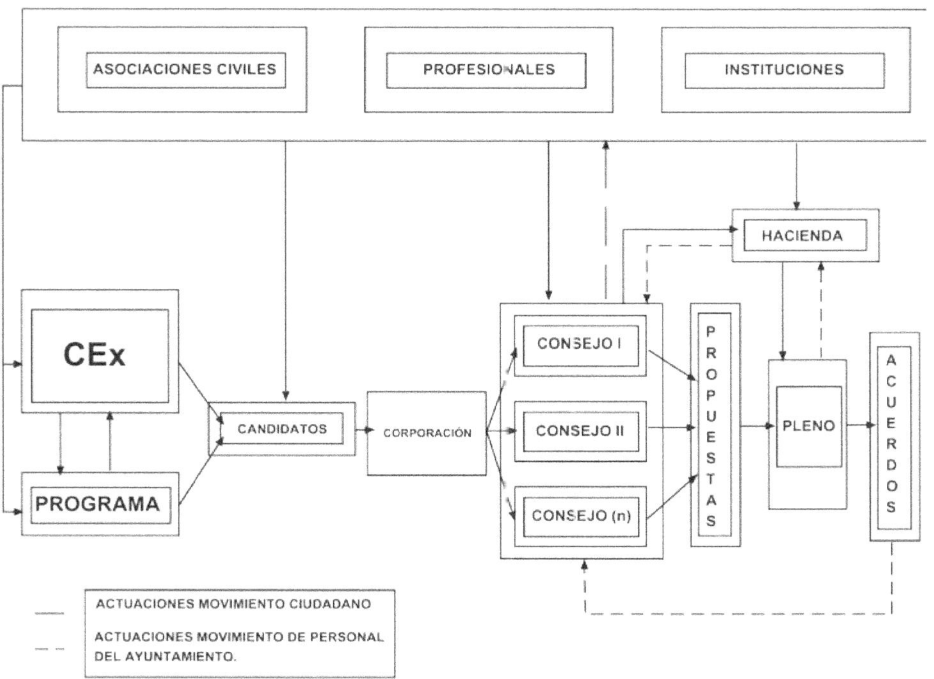

SE TRATA DE CONVERTIR LA POLÍTICA MUNICIPAL EN ALGO VIVO Y NO EN EL ARTE DE LA PROMESA FÁCIL, DEL ENGAÑO Y LA DESCONSIDERACIÓN A LOS INTERESES DE LA MAYORÍA DE LA CIUDADANÍA Y DE LAS PERSONAS.

-I-
POR UN CONSEJO NORMATIVO DE POLÍTICA MUNICIPAL

Puesto que partimos del espacio político enmarcado por nuestro ideario, a la hora de aplicarlo nos proponemos también seguir en la misma línea política. Y dado que la tarea propuesta es la de trabajar con, por y para el pueblo, de modo que los ciudadanos participen en la toma de todas las decisiones que les afecten, de tal modo que ninguna de ellas sea tomada por la administración municipal a espaldas de los mismos. Pero *presumiendo que las normativas actuales de funcionamiento nunca han sido dirigidas a este empeño, por esto, precisamente, entre nuestras futuras medidas de gobierno, declaramos la de la necesidad de poner en marcha un instrumento capaz elaborar la normativa democrática ineludible para llevarla a la realidad de un nuevo funcionamiento del aparato municipal.*[10] *De aquí que nos inclinemos ante la determinación de crear El Consejo Normativo de Política Municipal, en el cual, bajo la presidencia y coordinación de los concejales correspondientes podrán integrarse, las asociaciones o grupos de vecinos y las personas individualmente, pero también los representantes de grupos políticos que lo deseen con o sin representación municipal* (pues el hecho de que nos hallamos declarado no partidistas, no implica el rechazo al derecho de participación de los partidos en la política municipal).

Entre las medidas que este Consejo tendría que abordar como parte de la tarea, presentamos aquí, ahora, las siguientes propuestas, que CEx asume ya de antemano; y, por esto, parte de ellas:

1. CEx dejará claro, por escrito y ante notario, lo siguiente:

   a) Que no será ni muletilla del PSOE ni bastón del PP.
   b) Que no cambiará votos por cargos.
   c) Que promoverá la participación activa de la ciudadanía a través de todos los medios a nuestro alcance, su compromiso será gobernar por, para y con el pueblo.
   d) Que evaluará sistemáticamente y rectificará aquellas prácticas y políti-

[10] A partir de aquí aparecerán en cursiva aquellos principios o puntos del programa que, en razón de su contenido o por su interés genérico, consideramos idóneos para constar en cualquier programa municipal, para donde quiera que sea.

cas que no generen los resultados propuestos y establecidos.
e) Que realizará auditorías laborales, fiscales y medioambientales, tanto externas como internas, en el Ayuntamiento de Plasencia tanto al inicio como a la finalización de cada legislatura, así como tras cada ejercicio presupuestario.

2. CEX impulsará los Consejos Sectoriales que permitirán la participación y el asesoramiento en las distintas concejalías; modificará y difundirá la actual ordenanza de participación ciudadana de la ciudad para sacarla del actual ostracismo y asimismo modificará el procedimiento de participación en plenos.

3. CEX eliminará el 90% tanto de los asesores personales contratados, así como del resto de personal que desarrolla funciones similares de libre designación en el Ayuntamiento de Plasencia, al tiempo que dará protagonismo a los profesionales y trabajadores de la plantilla Municipal.

4. CEX hará de la transparencia un valor en sí mismo en todos los niveles de la administración municipal. No habrá ni un sólo acto administrativo que no pueda ser público ni publicado. Todo el mundo podrá tener acceso a la información. CEX erradicará las prácticas institucionales del fraccionamiento de los pagos de las obras para eludir los concursos públicos, pues nos parecen reprobables.

5. CEX regularizará el total de 74 contratos en fraude de ley (eventuales de larga duración, que llevan años y años encadenando contratos temporales) siguiendo las indicaciones de la Inspección de Trabajo y Seguridad Social realizadas al Ayuntamiento de la ciudad. Y exigiremos responsabilidades administrativas, laborales y penales a aquellos responsables políticos e institucionales que cometieron estas irregularidades.

6. CEX exigirá total transparencia en los contratos administrativos realizados por los procedimientos carentes de concurso público (cerca del 70% de los contratos que realizan las AA.PP no salen a concurso público). Al mismo tiempo hará públicos los diferentes procedimientos de adjudicación que se utilizan en el Ayuntamiento esto es: Número total de contratos menores; total de los llevados a cabo por el procedimiento negociado; total de contratos mediante concurso; total de contratos mediante subasta; número total de los llevados mediante contratación de emergencia. Así como cuantía y porcentaje en relación a suministros, a consultorías y asistencias técnicas, a obras y los correspondientes a la gestión de servicio público.

7. CEX se comprometerá por escrito a establecer contratos con la ciudadanía: Asociaciones de Vecinos, Sindicatos, organizaciones sociales y agentes

sociales. Los cargos electos de CEX se comprometen a evaluar anualmente el grado de cumplimiento de su programa electoral municipal ante los mismos agentes sociales a los que se les hicieron; para ello se convocará a los mismos en un acto público al que se le dará cobertura mediática y contará con la presencia de: tv, radio, prensa local, etc...

8. CEX creará, a través de la web del Ayuntamiento (www.plasencia.es), una forma de dar transparencia a las personas afectadas por el paro para que, cuando lo deseen, puedan ver en qué situación se encuentran en las listas de empleo municipal. Dando fin a la web en la que se recogen, casi exclusivamente, actividades de lucimiento político-cosméticas, la transformaremos en un verdadero instrumento al servicio del ciudadano.

PORQUE SÓLO LA PARTICIPACIÓN DE LOS CIUDADANOS Y CIUDADANAS EN ESTE PROYECTO POSIBILITARÁ LA REGENERACIÓN DEMOCRÁTICA.

-II-

POR UN CONSEJO DE HACIENDA MUNICIPAL, ECONOMÍA Y DESARROLLO

Pues *nada más necesario, si queremos transparencia, que ejercerla a la hora de gobernar la hacienda municipal. Por esto es necesario hacerlo también mediante un Consejo. Y lo mismo que, siendo la economía municipal la base en la que se asienta esta hacienda, si hablamos de democracia, no sólo los concejales y personal del Ayuntamiento deben disponer de ella sobre cómo fomentarla, dirigirla o emplearla, sino que en éste consejo, lo mismo que en los demás, procuraremos la implicación ciudadana y, por tanto, también podrán formar parte de él las asociaciones grupos de vecinos y las personas que individualmente estén dispuestas a ello.*

Será el Consejo de Hacienda Municipal, Economía y Desarrollo el organismo encargado de observar, controlar, reflexionar y elaborar las propuestas sobre estas materias; en primera instancia, para elevarlas al Pleno y, en segunda estancia, para asegurar que serán reconducidas correctamente al fin para el cual hayan sido aprobadas.

Teniendo en cuenta los principios declarados CEX parte desde aquí con los siguientes compromisos:

1. De que velará en la práctica por la conservación, mantenimiento y acciones de mejora que sobre el mismo convengan, de todo su patrimonio actual y futuro, bajo propiedad municipal y del control y gobierno político de los Consejos a los cuales corresponda decidir sobre el uso o disposición de sus bienes en función del destino más adecuado a la singularidad de los mismos. Lo cual se decidirá, o reconducirá, en su caso, en servicio real de los ciudadanos, según las propuestas de los Consejos, una vez reconocidas por el Pleno Municipal.

2. Mediante contrato con la ciudadanía que depositaremos ante notario, CEX se compromete a reducir la abultada deuda municipal local que ha subido del 37% al 87% en siete años. Lo mismo que se opone a la decisión actual de eliminar 83 plazas fijas de la plantilla municipal, manifestando públicamente su más rotunda oposición a esta medida antisocial. Y para lo cual, sabiendo que se puede ahorrar sin atentar contra el empleo público, se eliminarán los gastos que el Consejo proponga por considerarlos superfluos o

suntuarios, entre los que consideramos ya aquellos que son afectados por las siguiente medidas, porque:

- Se pueden ahorrar 150.000 euros al mes eliminando los asesores, las asistencias técnicas y el personal de libre designación.

- Legalizando situaciones laborales, tal como indica la ITSS, se pueden ahorrar 500.000 euros de las indemnizaciones que tendrá que pagar el Ayuntamiento de Plasencia por haber mantenido a un total de 74 contratos de eventuales en fraude de ley (tres de la época de Cándido Cabrera, 53 del gobierno del PP y 18 del PSOE actual).

- Se pueden ahorrar los 350.000 euros que suponen las prácticas de gasto sin autorización (todos recordamos la noticia del paquete con las 337 facturas, cuya cuantía ascendía a 334.257 euros gastados por los concejales del Ayuntamiento de espaldas al presupuesto municipal y saltándose el procedimiento legal).

- Se pueden ahorrar 84.000 euros que se generan por las excesivas facturas de los teléfonos móviles de los concejales («más de 700 € / edi / mes»).

- Se pueden ahorrar 82.980 euros reduciendo a la mitad el salario de la alcaldesa y de los concejales liberados (27.330 se economizarían del salario de la Alcaldesa y 55.650 del salario de los liberados).

- En relación a las dietas y los desplazamientos, se establecerá, en materia de alojamiento, la utilización de hoteles de no más de 1 estrella y cuyo importe no exceda de una banda de precios medios de mercado, según fecha y localidad. Las cuantías por gastos de manutención diaria, previa justificación fehaciente y necesaria de la actividad que se desarrolle, no superarán los 20 euros. En relación a los gastos de protocolo se limitarán los viajes de carácter institucional a aquellos que resulten precisos y necesarios para el normal desarrollo de las relaciones institucionales.

- Y se pueden ahorrar cerca de 500.000 euros en la próxima Feria de Plasencia, mediante la gestión concertada de las actividades taurinas. La Plaza de Toros será alquilada a aquellos empresarios que deseen desarrollar esta actividad en la ciudad y que arriesguen su propio capital.

- Se pueden ahorrar 359.690 euros controlando la dilapidación de dinero público en anteproyectos y estudios de viabilidad innecesarios.

3. A la hora de adjudicar las obras, servicios o suministros que demande el Ayuntamiento de Plasencia, CEX optará siempre por el procedimiento de

concurso público de selección objetiva del oferente, por considerarlo el único método transparente, justo, imparcial y ecuánime.

En la dimensión del desarrollo economicista y en atención de Pyme's y Autónomos de Plasencia, los integrantes de CEX somos absolutamente conscientes de que éstos generan el 89% del total del empleo en Plasencia, al igual que en España, de la cual realizan el 60% de las exportaciones.

Pero también sabemos que en la actualidad:

- Plasencia no ofrece suelo industrial, cuando, en realidad, cuenta con extensas unidades de ejecución (terrenos suficientes y susceptibles de ser ocupados por empresas).

- Porque en Plasencia no se aprueba definitivamente el PGOU para poder dividir esas grandes unidades de ejecución en otras mucho más pequeñas y, por tanto, más fáciles de poner a disposición de los pequeños y medianos empresarios y autónomos de la ciudad.

- Porque el exceso de burocracia, trámites administrativos y papeleo interpuestos a las iniciativas empresariales, impiden su marcha hacia la innovación tecnológico-empresarial y la implantación de empresas.

De aquí que desde CEX hagamos también la misma apuesta que cada día con más decisión demanda la ciudadanía para con este sector empresarial y que, junto a los más interesados en ello y contando con su participación activa, nos propongamos:

1. Implementar las medidas necesarias y suficientes para incrementar el número de espacios albergadores de proyectos industriales, logísticos y empresariales que Plasencia y su comarca demandan.

2. Actuar sobre este momento, en el cual consideramos que se reclama una reducción significativa de los trámites y papeleos, para que los Parques Tecnológicos de Desarrollo Empresarial, que necesitamos en toda Extremadura, sean la punta del iceberg de ese nuevo New Deal que se debe de poner en marcha, tanto en Plasencia, como en toda la región.

3. CEX, considerando vital este New Deal, que impulse el desarrollo empresarial de esta nueva Extremadura que queremos construir, deberá de contar con un buen Capital Humano emprendedor e innovador, sin complejos, suficiente y bien formado en la teoría y en la práctica, de modo que consiga transformar los métodos burocráticos de gestión en métodos de relación empáticos y afectivos.

4. Convergencia por Extremadura (CEX), impulsará, con medidas concretas, su compromiso con las PYMES y los autónomos a través de su propuesta de Consejo Sectorial de Dinamización Empresarial, y proponiendo medidas urgentes como ayudas directas en el pago de los seguros sociales, subsidiación de intereses y compromiso de las Cajas de Ahorro de la región para destinar fondos de obra social en apoyo de los autónomos, evitando de esta manera el cierre de más empresas.

5. CEX se compromete a apoyar al tejido empresarial, elaborando, para ello, medidas que propicien la vuelta al circuito monetario del flujo crediticio que ayude a los autónomos y a las PYMES; así como el acceso a créditos flexibles y micro-créditos para la viabilidad de sus negocios y de la economía social.

6. CEX se compromete a adecentar la entrada sur y a dotar, al tejido empresarial que se asienta en la misma, de unas instalaciones dignas. La junta de gobierno del Ayuntamiento, se comprometerá, si logramos la confianza de la ciudadanía, mediante contrato que depositaremos en notaría ante representantes de los 200 industriales de las Avenidas Martín Palomino y España, a dotar, en cada ejercicio presupuestario, con las partidas presupuestarias suficientes para abordar su arreglo. Entendemos que el adecentamiento de esta necesaria infraestructura de la ciudad ha de asumirlo el Ayuntamiento sin esperar más a que el Gobierno central o la Junta de Extremadura decidan si colaboran o no en esta importante realización que redundará en beneficio del impulso de la actividad empresarial y del empleo.

7. Desde CEX haremos del PGOU un instrumento a favor de la gestión eficaz y ecoeficiente del suelo que conjugue la defensa del medioambiente con el necesario desarrollo ordenado y armónico de la ciudad.

SÓLO CON LA PARTICIPACIÓN REAL DE LOS CIUDADANOS EN ESTE PROYECTO SERÁ POSIBLE LA RECUPERACIÓN DEL SECTOR INDUSTRIAL.

-III-

POR UN CONSEJO MUNICIPAL DE EMPLEO

Siguiendo nuestro ideario, y puesto que el paro significa uno de los problemas sociales más acuciantes para la ciudadanía, la preocupación y la intención de actuar para crear empleo figura como uno de los puntos prioritarios, el más urgente, de los recogidos en nuestro programa de actuaciones. Por ello, deberá ser afrontado de forma inmediata también por el Ayuntamiento, como institución más cercana y asequible al ciudadano. Desde esta perspectiva, nos proponemos abordarlo desde la práctica de los siguientes compromisos:

1. CEX rehabilitará cauces y establecerá y fortalecerá medidas de interlocución con otras administraciones para que transfieran los recursos necesarios al Ayuntamiento para que éste pueda realizar verdaderas políticas que palien la grave situación de desempleo que se padece en la ciudad.

2. *Para ello asumirá la puesta en marcha de un Observatorio Social e Instrumental de Empleo y Desarrollo Local como así propone la Plataforma por el Empleo Digno de Plasencia.*

3. Propondrá a la propia Plataforma por el Empleo Digno de Plasencia así como al resto del tejido asociativo preocupado por esta cuestión, que se impliquen y participen activamente en la gestión del observatorio; ello será posible por intermediación del Consejo Municipal de Empleo con el Observatorio.

Dicho observatorio será entendido y gestionado como instrumento real de participación de la ciudadanía en temas de empleo y desarrollo local, para lo cual se ejercitará en la coordinación de las funciones destinadas a:

a. Recopilación de información y propuestas, a partir del estudio de la actividad económica local para detectar los posibles yacimientos de empleo y de la atención a las legítimas reivindicaciones del tejido asociativo de la ciudad en lo relativo a la creación de empleo, asumiendo como propias sus propuestas.

b. Elaboración de proyectos y planes de empleo, tanto de los destinados a solucionar los problemas más acuciantes derivados de las situaciones de paro y que requieran soluciones más inmediatas, como la de aquellos otros cuya consecución se estime oportuna, válida y viable para obtención de nuevos empleos.

c. Planificación y coordinación de las acciones encaminadas a poner en marcha los proyectos y a ejecutar los planes hacia la creación empleo.

CEx, asumiendo como propias la mayoría de las propuestas de la Plataforma por el Empleo Digno de Plasencia, se compromete en la adopción de las medidas que la Plataforma formula y que aquí se sintetizan, según las vías de acción para la creación de empleo:

1. A través del PLAN MUNICIPAL DE EMPLEO, con el fomento y desarrollo de sus bases y la valoración del efecto de las acciones sobre ellas en los distintos campos susceptibles de la creación de empleo:

a. Formación e Inserción laboral.

b. Promoción de las actividades económicas y apoyos a la economía social.

c. Fomento de la innovación tecnológica.

d. Mediante la colaboración, en proyecto y acciones de carácter transversal, con los diferentes Consejos Municipales.

e. Mediante el fomento de la igualdad entre hombres y mujeres y a la integración de personas con discapacidades.

2. *DESDE LO PÚBLICO,* *con la puesta en práctica de medidas como:*

a. Creación de una Bolsa de Empleo Municipal, objetivamente ecuánime y efectiva.

b. Remunicipalización de servicios públicos (recogida de basuras, limpieza servicio de aguas o mantenimiento de jardines, etc...).

c. Gestionando públicamente la futura Planta de Residuos de la Construcción y creación de puntos limpios.

d. Creando una empresa Municipal de Vivienda y Gestión directa sobre un Plan de Rehabilitación.

e. Con Gestión directa del Palacio de Congresos y otros servicios municipales.

f. Con la apertura de nuevas guarderías públicas.

g. Cubriendo con suficiencia las plazas necesarias en los servicios que actualmente están gestionados por el ayuntamiento y erradicando del mismo, la precariedad y la temporalidad en el empleo.

h. Mejorando el transporte público. Aumentando su frecuencia y abaratando el precio del billete para personas en situación económica precaria.

i. Incrementando el presupuesto del servicio de Ayuda a domicilio y creando un economato en la ciudad a disposición de las economías más débiles.

3. DESDE EL APOYO A LO PRIVADO:

a. Agilizando la concesión de las licencias de obra, de reformas y de apertura de los nuevos negocios.

b. Mediante promoción y ayudas al autoempleo y al cooperativismo; Apoyando al pequeño comercio y la empresa familiar.

c. Recreando las condiciones óptimas para el desarrollo (procurando aparcamientos gratuitos, subvenciones, bajada de impuestos, etc.)

d. *Promoción, colaboración y ayuda a iniciativas cooperativistas para la creación de empresas viables o de acertada y segura utilidad servicial a la ciudad de Plasencia.* Como podría ser, por ejemplo, una planta de embotellado de agua potable con una red de distribución de la misma en la ciudad).

En definitiva, promocionando la ciudad Plasencia como centro neurálgico y capital de la comarca en cuanto a prestación de servicios y en cuanto a todo lo que conlleve el vigorizarla como polo de atracción, ofreciendo posibilidades reales de asentamiento a las aspiraciones de la industria tradicional y renovadora.

PERO SÓLO LA PARTICIPACIÓN REAL DE LOS CIUDADANOS EN ESTE PROYECTO HARÁ POSIBLE LA CREACIÓN DEL EMPLEO.

-IV-

POR UN CONSEJO MUNICIPAL DE URBANISMO Y MEDIO AMBIENTE

Conscientes de la problemática que se plantean actualmente los ciudadanos en torno al medio urbano y ambiental en el cual se desenvuelven, CEX se compromete a situar la sostenibilidad de Plasencia, junto con el empleo público, en uno de los ejes transversales de sus acciones políticas de desarrollo, en función de los fines que nos proponemos alcanzar, y según se refleja en nuestro ideario al iniciar el programa. Ello nos conduce a la necesidad de poner en práctica un nuevo modelo de gestión de lo económico, basado en los conceptos de eficiencia, eficacia y efectividad; a la de implantar Sistemas de Gestión Ambiental desde las propias dependencias del ayuntamiento a dar cumplimiento a los distintos pactos firmados, convenios, directivas, etc. Así como a todos aquellos innovadores que redunden en beneficio de la sostenibilidad de Plasencia.

El Consejo Municipal de Urbanismo y Medio Ambiente, conformado igualmente según la composición y funciones ya fijadas para los anteriores, será el instrumento adecuado, mediante el cual el gobierno del municipio, podrá inspirarse y decidir sobre el sentido de sus acciones. Hacia este objetivo, con la intención de enmarcarlas dentro del cuadro conceptual y práctico de la sostenibilidad, CEX se compromete a tomar las medidas necesarias; y ya aquí, de entrada, con las siguientes propuestas:

1. CEX *creará un Observatorio de la Sostenibilidad, con la finalidad de que el Consejo cuente con el soporte necesario, tanto para poder detectar y apreciar en su justa medida los motivos de alarma por las agresiones al medio ambiente, ya sean actuales o futuras, como para poder valorar consecuentemente las propuestas presentadas, sean técnicas o procedentes de otros ámbitos, para eliminar la capacidad nociva de las agresiones.*

2. CEX declarará a la Zona Centro de Plasencia, ZONA ACÚSTICAMENTE SATURADA, como primera medida para encarar los efectos adversos de los ruidos sobre la salud de las personas: Deficiencias en la audición, trastornos del sueño y la conducta, merma en el rendimiento y disfunciones fisiológicas o de salud mental.

3. CEX se decanta por el establecimiento de un parking gratuito y ecoeficiente en los 12.900 metros cuadrados destinados a este fin en las Huertas de La Isla. Y, en este sentido, aboga por dotarle un «asfaltado verde» sobre la superficie de las plazas y calles interiores con césped protegido por rejilla metálica, como tiene el del Centro Universitario. Así como procurará la reforma del proyecto para incluir en él zonas verdes concebidas como áreas de descanso con arbolado y algún tipo de protección o tejado para vehículos que no rompa la armonía paisajística del anejo con el parque de la Isla. Asimismo, apostamos para que la iluminación nocturna funcione con energía solar.

4. A pesar de la manifestada oposición anterior de CEX a la construcción de escaleras mecánicas, pero ante la constatación de su realidad, CEX se propone rentabilizar su existencia en beneficio de la ciudad, por ello, frente al acceso a las mismas, en la Avenida del Valle, se situará un Punto de Recepción de Turistas para las líneas de autobuses discrecionales de viajeros que no usen el servicio de la Estación de Autobuses. De este modo se pretende dar servicio y vida a la zona comercial del centro, a la cual las escaleras dan acceso directamente. Tal punto será dotado de servicios públicos y de una caseta de información turística. Se señalará convenientemente la zona y los itinerarios que conduzcan a visitar los espacios monumentales, establecimientos comerciales, hoteles, etc.

5. CEX vuelve reiterarse aquí en su compromiso de adecentar la entrada sur y de dotar al tejido empresarial que se asienta en la misma, de unas instalaciones dignas. Así como, igualmente, con respecto a lo ya dicho para las Avenidas Martín Palomino y España.

6. CEX se propone efectuar el desdoblamiento de tuberías para riego y para consumo con agua potable y no potable, pues el proceder al riego de calles y jardines con agua que lleva un tratamiento apto para el consumo humano, es un gasto desmesurado e inexplicable.

7. CEX declara su compromiso para con la construcción progresiva de carriles para bicis, así como apoyo —junto a otras concejalías— a los clubes ciclistas de la ciudad, en todas las actividades de difusión y fomento de la bicicleta.

8. CEX se compromete con la actuación de un control riguroso de la Ley del Suelo y su aplicación estricta a las construcciones ilegales, puesto que las sanciones por sí solas no llegan a ser suficientes y que, en los casos más flagrantes de ilegalidad debería procederse a su derribo y a la restauración del entorno lesionado.

9. CEX se compromete con actuaciones sobre la revisión de las Ordenanzas

Municipales, adecuándolas en sus contenidos a la realidad actual de modo que puedan ser aplicadas realmente.

10. CEX se compromete con la revisión de los contenedores de basura, adaptándolos en número a las necesidades y a la mayor comodidad de uso para los interesados y con colocación de contenedores para pilas, en mayor número y más resistentes, para evitar los vertidos, hoy frecuentes, por el suelo.

11. CEX *se compromete con la creación de la Patrulla Verde, encuadrada dentro de la misma policía local e instruida en las leyes ambientales y en las ordenanzas municipales y dirigida no sólo hacia el control de los problemas urbanos generados por los ruidos, de motos, de quads, del botellón etc... y para velar por cumplimiento de la ordenanzas sobre vertidos, defecaciones de animales en la vía pública, sino también para llevar a cabo valoraciones sobre el estado de los barrios, desde la luminaria a mobiliarios urbanos o alcantarillado y a recabar la opinión de los vecinos, mediante encuestas, etc. Todo ello llevará no sólo a la documentación real del Consejo sobre los problemas urbanos y a la posibilidad real de afrontarlos, sino también al conocimiento de la necesidad o no de adecuar el comportamiento a normas de conducta más respetuosas con el medio, mediante realizaciones de educación ambiental, o bien al de la necesidad de actualizar las leyes al respecto.*

Entre las medidas destinadas a la conservación óptima y sostenible del medio ambiente más próximo o urbano, contamos también con actuar tomando las siguientes:

1. Partiendo del rechazo a la conversión del parque de Los Pinos en zoológico, por el despilfarro del dinero público que significa el mantenimiento de animales salvajes en la degradante situación de encierro, CEX defiende, al igual que lo hacen las organizaciones ecologistas, que los zoológicos con futuro son aquellos en los que se realizan labores de conservación con programas de cría en cautividad de especies en peligro de extinción y desarrollan programas de educación ambiental o en los que se usan animales irrecuperables. Un zoológico tiene un coste en inversiones y en mantenimiento muy elevado. Entendemos que lo Plasencia desea es disfrutar de su parque de Los Pinos.

2. CEX se opondrá rotundamente a la pretensión de instalar aerogeneradores eléctricos en la Sierra de Santa Bárbara, (27 molinillos) y en la Sierra del Merengue (93), algunos a sólo 500 metros de la población. Desde CEX entendemos que los alrededores de Plasencia ya aportan una considerable cantidad de energía de origen renovable a través de cuatro centrales

hidroeléctricas con 350 megawatios de potencia, más la que aportarán el número creciente de centrales solares y termo solares en proyecto.

3. CEX se compromete a la protección del monte público de Valcorchero, protección que avalan más de 5.000 firmas recogidas por la iniciativa ciudadana SOS VALCORCHERO. Para ello aprobaremos un nuevo Plan General Municipal, donde las 23,73 hectáreas de Valcorchero pasen a ser suelo no urbanizable de especial protección. Asimismo pediremos a la Junta de Extremadura su inclusión en el actual Paisaje Protegido de Valcorchero. Con esta medida pretendemos evitar la especulación con estos terrenos públicos y protegidos.

4. CEX, partiendo del conocimiento de las deficiencias en el funcionamiento de la depuradora de aguas residuales de Plasencia, junto a Ecologistas Plasencia y a otras organizaciones conservacionistas de la ciudad, exigirá un seguimiento de las obligaciones, que por ley debe cumplir la empresa explotadora, para garantizar su cumplimiento; y se empeñará en que se subsanen todas las deficiencias que estos últimos años han ocurrido (olores, aumento en el número de paradas, lodos, volumen depurado, etc...) de modo que dejen de causar perjuicios a la ciudad y al río.

5. En la misma dirección y en consecución de todo lo anterior, CEX se compromete en realizar, de salida, una campaña y las que sean necesarias, de información ciudadana sobre normas de conducta dirigidas a mejorar los cuidados del medio ambiente, tanto del urbano, como del natural más próximo.

6. Pero igualmente, CEX *también se implicará seriamente en las políticas que, de un modo efectivo, consigan que los ciudadanos se sientan materialmente concernidos, por interés propio, en los procesos de depuración de residuos y reciclaje de basuras y desperdicios, en cuya cadena transformadora ya participan de hecho con el sostenimiento económico y la aportación del trabajo gratuito realizado, con el aporte de energía y materia prima al primer eslabón o engranaje de la cadena de reciclado. Por ello Cex, se compromete a gestionar la remunicipalización de los servicios de limpieza pública, recogidas de basuras y desperdicios e, incluso, se define por la gestión pública de la futura planta de reciclado, ya sea municipal o mancomunadamente. De tal modo, se posibilitará que sea en los mismos ciudadanos —que posibilitan la existencia de la industria y cooperan, realmente, en la cadena de trabajo de la misma— sobre quienes puedan recaer buena parte de los beneficios que se produzcan como consecuencia del proceso de reciclado.*

Desde el Ayuntamiento de Plasencia, Convergencia por Extremadura (CEX) defenderá todas aquellas propuestas que, en el ámbito del Medio

Ambiente, llevan planteando las asociaciones y grupos ecologistas de la ciudad; propuestas que hasta ahora han sido desatendidas por las diferentes opciones políticas que se han sido turnando al frente de la institución municipal. Asumiéndolas como propias todas ellas, entre dichas propuestas (y alguna ya mencionada), citamos los compromisos:

1. Plantación de 10.000 árboles autóctonos, como forma de combatir el cambio climático.

2. Hacer del Ayuntamiento de Plasencia un ejemplo de sostenibilidad y política medioambiental, con la colocación de placas solares, mejora de la eficiencia energética, uso de papel reciclado, etc.

3. En relación a la energía solar, CEX *aplicará de forma rigurosa el Código Técnico de Edificación. Con esta simple medida ya estarían realizadas las políticas de energías renovables en gran parte de los edificios que se están construyendo y se deben construir. Para* CEX *sería más interesante aún aplicarlo en los polígonos empresariales e industriales; pues, con sus miles y miles de metros cuadrados de techos, podrían servir como auténticos parques solares y modelo de desarrollo sostenible para las ciudades; generando parte de la energía que se consume en dichas urbes, sin intervenir en suelos o en zona delicadas.*

4. Declaración de Valcorchero como refugio de caza. Teniendo en cuenta que Valcorchero ya está declarado como Paisaje Protegido y, por tanto, cuenta con una figura de protección que debe velar por su conservación; lo que CEX propone es asegurar un espacio de esparcimiento para los ciudadanos, sin posibilidad de recalificaciones futuras, creando el entorno adecuado y aumentando las tareas de vigilancia y sanción por su efecto disuasorio sobre todos los que contribuyan a su degradación. En definitiva, desarrollando un Plan Rector de Uso y Gestión, conocido como PRUG, para que se establezcan pautas adecuadas y reglamentadas de uso de dicho espacio, tales como la caza, poda, programas educativos, desarrollo sostenible del monte público, etc.

5. CEX extenderá, pues, las actuaciones de la policía verde a la vigilancia del medio ambiente más próximo a la ciudad y potenciará la policía judicial de medio ambiente.

6. CEX se propone trabajar sobre la idea de un «huerto de mayores».

7. Promoverá y fomentará la celebración de la feria de alimentos ecológicos y comercio justo.

8. E impulsará el Festival de Cine y Documental Ecológico y Solidario.

PORQUE SÓLO CON LA PARTICIPACIÓN REAL DE LOS CIUDADANOS EN ESTE PROYECTO SERÁ POSIBLE CONSEGUIR QUE NUESTRA CIUDAD Y SU ENTORNO NOS OFREZCAN UNAS CONDICIONES DE VIDA TOTALMENTE SALUDABLES Y GRATIFICANTES.

-V-

POR UN CONSEJO CULTURAL Y EDUCATIVO

E, igualmente, consecuentes con las líneas de actuación inspiradas en las pautas de nuestro ideario político, nos proponemos la dinamización de la vida placentina en su dimensión cultural y educativa, mediante la participación activa de los ciudadanos y la instrumentalización real de todos los medios materiales, institucionales y humanos, oficiales u oficiosos, a nuestro alcance y al servicio de la ciudadanía. Muy especial en este campo, *nuestro papel en el proyecto no deberá limitarse al del valedor pasivo o testigo mudo del acontecer —cotidiano o extraordinario— en la vida cultural y educativa de los placentinos, sino que contamos con que será el Ayuntamiento, a través del correspondiente instrumento, quien se encargará de participar, fomentar, estimular y tomar parte activa en cuantos proyectos culturales y educativos se desarrollen en la ciudad, bien a instancias de las instituciones tradicionales especializadas en la materia, bien a iniciativa y propuesta de dicho instrumento o bien a las de los ciudadanos mismos a través de sus organizaciones sociales.* De aquí la necesidad de nuestra apuesta por la creación y disponibilidad de la herramienta adecuada a tal fin:

El Consejo Cultural Educativo: Órgano democrático, instrumento dinamizador humano, e integrante del Plenario municipal a través del concejal o concejales a quienes corresponda la responsabilidad del área cultural-educativa, cuyas funciones (del órgano) vienen determinadas por la necesidad de que dicho Plenario pueda determinar objetivamente las disposiciones convenientes a dicha área, con plena capacidad, pero asentada sobre bases del conocimiento derivado de la realidad placentina en el ámbito cultural y educativo. Así, pues, el Consejo, dentro del papel que le corresponde como instrumento dinamizador del Ayuntamiento, ejercerá sus funciones en una doble dirección, pero, revitalizándose a sí mismo, en tres etapas:

1. Hacia dentro, como receptor de las necesidades, de las propuestas y de las demandas culturales y educativas de la ciudad (estimación catalogada de carencias y recursos materiales y humanos y recepción de propuestas ciudadanas). Lo cual obliga a una presencia activa de los agentes compo-

nentes del Consejo en los diferentes ámbitos o espacios culturales y educativos y viceversa, a los de éstos en aquel (ya sean de carácter oficial o sólo civil).

2. Transcurso intermedio, de valoración de las realidades específicas y conjuntas, de apreciación y propuestas sobre proyectos culturales y educativos, con estimación de medios y métodos o vías de realización posibles. (Corresponde a esta etapa la intercomunicación entre Consejo y Pleno, también en doble sentido).

3. Hacia fuera, como emisor, coordinador y parte activa, si cabe, de los proyectos previamente ideados, planificados por el consejo y avalados por el Pleno del Ayuntamiento.

No obstante, este planteamiento no será obstáculo para que la ciudadanía elabore y active sus propios recursos y contenidos culturales o educativos, autónomamente y al margen de esta propuesta. Aunque, lógicamente, si obramos organizados, las posibilidades de extender, diversificar e intensificar las actividades culturales y educativas son infinitas:

- Como punto concreto a alcanzar en lo inmediato CEX habilitará un LOCAL PARA USO COMÚN, gratuito y equipado adecuadamente a dicho fin, para que las organizaciones sociales, medioambientales, políticas, sindicales (institucionalmente excluidas de infraestructuras, medios y recursos materiales concretos para realizar su labor) puedan contar con taquillas o archivadores para guardar sus documentos y toda una serie de infraestructuras comunes que poder compartir: Escritorios, Sala de Reuniones, etc. Así como también con una estancia de las que cuenta la institución como SALA DE PRENSA (equipada adecuadamente para este fin) para que las organizaciones sociales, medioambientales, políticas o sindicales puedan comunicar de una forma fluida sus actividades, proyectos y objetivos con los Medios de Comunicación Social existentes en la localidad.
- ***El proyecto de Ciudad Cultural y Educativa,*** *constituirá una potente herramienta formativa que, con recursos mínimos sumados a los existentes, nos permitirá abordar problemáticas ciudadanas con nuevas metodologías educativas, formativas, didácticas, pedagógicas, dialogantes y cercanas al ciudadano. La disposición de técnicos/as en inserción laboral, de animador/a sociocultural, de diplomados/as en enfermería o de maestros/as jubilados/as, empresarios/as, o escritores/as, artesanos/as, etc. . impartiendo cursillos por los barrios, según demande la inquietud de los*

ciudadanos, junto con la implicación voluntaria de profesores y centros educativos, nos permitirán elaborar el currículo de estas acciones formativas y sus acreditaciones.

Por otra parte, el compromiso de colaboración con los agentes educativos oficiales obligará a los responsables municipales a serlo también del complejo educativo oficial.

LA MUTUA COLABORACIÓN, EN DEMOCRACIA, SÓLO PODRÁ ENRIQUECERNOS DE LA ÚNICA FORMA POSIBLE: QUE LA CULTURA LO SEA A SERVICIO DEL PUEBLO, DESDE EL PUEBLO, CON EL PUEBLO Y PARA EL PUEBLO.

-VI-

POR LA IGUALDAD DE GÉNERO: El CONSEJO DE LA MUJER.

En nuestro empeño por hacer realidad la regeneración democrática en el Ayuntamiento de Plasencia, en la ciudad y en todo el municipio, prestaremos especial atención a la problemática de la mujer, no por considerar que el hecho femenino merezca un trato diferencial, sino porque en nuestra sociedad la inmensa mayoría de las mujeres están muy lejos de alcanzar una realidad que les permita el goce de los derechos de igualdad con respecto al hombre.

Somos conscientes de que la condición para la auténtica liberación de la mujer pasa, antes que nada, porque se cumpla la de su independencia económica, es decir, porque se haga realidad el acceso de todas ellas a un puesto de trabajo con el consiguiente disfrute del mismo, en igualdad de condiciones y gratificaciones con respecto a las del hombre. Pero lo mismo observamos que, allí donde trabajan, en su mayoría aún se hayan sometidas a la doble explotación, por su condición social en el trabajo que desempeñen y al mismo tiempo por el del hogar, en las tareas domésticas, en su papel de mujeres.

Todavía la cultura dominante, no democrática, imprime un sello especial sobre el rol de las mujeres, en menoscabo de la condición humana femenina. De aquí que, dada la gravedad en la doble dimensión, nos decidamos por la determinación de crear para el ayuntamiento, también, como en otras áreas, un consejo que nos asista y se ocupe de buscar las soluciones, reales y a nuestro alcance, a todos los problemas que afecten muy en especial a las mujeres.

El Consejo de la mujer:
Integrado por el/la o los/las concejales respectivos más los representantes de todas las asociaciones feministas o de mujeres placentinas dispuestas a colaborar en las funciones de informar, debatir, planificar, elevar propuestas al Pleno municipal y coordinar la proyección de las acciones aprobadas por el mismo. Entre ellas, de las propuestas

futuras a realizar (sin pretensión de agotarlas) destacamos las siguientes:

a) Realización de un Plan de Igualdad de Oportunidades y un Plan Integral contra la Violencia de Género. Planes que deberán ser reales y efectivos, es decir, evaluables, con dotaciones presupuestarias y transversales (que afecten a todas las concejalías y consejos).

b) Conseguir la condición de obligatoriedad a los informes de impacto de género, vinculantes y con carácter previo a la puesta en marcha de cualquier política municipal. Y lograr extenderla a todos los planes de actividad ciudadana.

c) Implantar la exigencia paritaria en la composición de los consejos de participación y en los demás órganos institucionales. Lograrla, así mismo, para cualquier plan de trabajo o actividad laboral proyectada desde el Ayuntamiento.

d) Incluir la perspectiva de género en la contratación pública y en las condiciones para el acceso a subvenciones y ayudas públicas.

e) Puesta en marcha de escuelas infantiles municipales de 0 a 3 años, suficientes, así como programas de conciliación y corresponsabilidad familiar para facilitar el acceso de las mujeres al mercado laboral.

f) Creación de escuelas-taller, empresas de inserción laboral fomento del autoempleo femenino y apoyar la creación de cooperativas.

g) Propiciar acuerdos con los medios de comunicación locales para conseguir romper estereotipos y proyectar una imagen de la mujer acorde con una sociedad igualitaria.

h) Potenciar proyectos de interacción entre las mujeres como forma de autoayuda contra el aislamiento y la baja autoestima (fomentando espacios de encuentros, Banco del Tiempo...)

PORQUE SÓLO LA PARTICIPACIÓN DE LOS CIUDADANOS Y CIUDADANAS EN ESTE PROYECTO POSIBILITARÁ LA REGENERACIÓN DEMOCRÁTICA.

-VII-

POR UN CONSEJO DE LA JUVENTUD Y DEL OCIO

Consejo éste que deberá verse políticamente incardinado con el de Cultura y Educación en su función transversal. Pero que si consideramos que la juventud, tanto por su carácter impulsivo, como por la particularidad especifica de su dinámica vital, nos ofrece no sólo una problemática especial, de lo más interso y poderoso, sino también, porque sabemos que los condicionantes de su proyección vital hacia el futuro resultarán esencialmente determinantes para el avatar social que rija la continuidad sus propias vidas ulteriores, por esto, precisamente, pensamos que nadie mejor que ellos mismos para marcar libremente su destino político con la práctica, de manera activa, responsable y reflexiva.

De ahí, partiendo de esas premisas dichas, que también consideremos necesario el compromiso de CEx con la existencia singular y el particular funcionamiento del Consejo de la Juventud y el Ocio, con similares características funcionales que los demás, si exceptuamos la materia y los agentes que deberán tratarla. Porque este consejo, bajo la presidencia del concejal, o concejales/as, de turno estará integrado fundamentalmente por jóvenes voluntarios, procedentes de sus asociaciones o a título individual. No obstante, puesto que el Ocio es derecho que puede ser compartido, lo mismo que la cultura de todos los ciudadanos, también formarán parte del mismo otras edades en la parte que les toque y todos, en las mismas condiciones que en los otros consejos.

Pero CEx también entiende que es precisamente en las materias o áreas de este Consejo donde la realidad ofrece mayores ventajas y posibilidades de absoluta autonomía de sus agentes, en cuanto a la ideación de iniciativas, planificación y puesta en marcha y coordinación de actividades. Y es por ello que entendemos que, más que en ningún otro, el compromiso principal de CEx debe corresponderse con la función del Consejo: La de facilitar, por parte del Ayuntamiento, los medios imprescindibles, políticos y materiales, para que el mismo Consejo resulté de utilidad real y efectiva a sus fines, al servicio de los interesados. Por esto mismo, a lo anterior, añadimos que:

1. Que CEX, mediante las correspondientes campañas informativas y las de fomento de actividades juveniles, tratará de impulsar el asociacionismo juvenil.

2. Pondrá a disposición de las asociaciones juveniles y subvencionará, en principio, un nuevo local para reuniones y esparcimiento de los jóvenes suficientemente amplio y de tal modo ordenado que pueda llegar a ser autogestionado bajo la responsabilidad de los mismos. Facilitándoles de algún modo que surja de ellos mismos el impulso de organización, estimulándoles para ello.

3. CEX se compromete a que, desde el Ayuntamiento El Consejo de la Juventud, previo recuento y comprobación de todas cuantas instalaciones del Ayuntamiento (deportivas o de otra índole) sean susceptibles de utilización efectiva, fomentará su uso entre la población, planificando y programando propuestas de actividades de todo tipo y realizando concursos y torneos, contando con la colaboración activa de Colegios e Institutos de Educación y de la económica del propio Ayuntamiento, casas comerciales, etc. Se trata de estimular a los jóvenes para que de ellos mismos surja y se refuerce el impulso de organización. Pero no sólo para capacitarles para enfrentar tareas con las que llenar sus tiempos de ocio, sino, más allá, en la perspectiva de que por ellos mismos se sientan adiestrados para enfrentarse a las difíciles contingencias con las que hoy en día la juventud debe enfrentarse a la hora de acceder al mundo laboral.

4. Asimismo, CEX dotará a la ciudad de un espacio de ensayo destinado al tejido asociativo con el objeto de que muchos de los jóvenes que hay en la ciudad con talento musical tengan la oportunidad de un lugar adecuado, donde poder canalizar o desarrollar sus capacidades artísticas. Y puesto que el único espacio juvenil que existe en la ciudad, es el Espacio Joven de la Junta, cuyas instalaciones están siempre sobresaturadas.

5. CEX se atreverá a dar forma a la reivindicación de una oferta alternativa de ocio nocturno no consumista. Pero las alternativas que promoverá nuestro proyecto alternativo de ocio nocturno, no implicarán, en absoluto, el tomar medidas coercitivas encaminadas a disgregar las actuales tendencias juveniles de agrupamiento, sino a facilitarles que sean ellos quienes se impliquen en adoptar las medidas pertinentes para que el resultado de tales impulsos no ocasionen efectos perjudiciales sobre ellos mismos, como grupo social, ni consecuencias perturbadoras para con el normal desenvol-

vimiento de la vida de terceros, como se da en el caso de la celebración del llamado «botellón». *El Consejo de la Juventud de* CEX *negociará con los jóvenes la forma de ofrecerles el espacio adecuado, incluso cerrado y cubierto, en el que puedan reunirse libremente, a cambio del único compromiso de que su propia organización se responsabilice del mantenimiento interno.*

6. En este mismo sentido CEX, *a través del Consejo de la Juventud, y aprovechando las infraestructuras del Ayuntamiento y Colegios Públicos propondrá la realización de talleres nocturnos para jóvenes que quieran emplear esas horas de su ocio de una forma no consumista, fuera de los circuitos propios del consumo de alcohol, mediante alternativas socializadoras no consumistas, lúdicas y formativas que cuenten con los propios jóvenes, sirvan para dinamizar el tejido asociativo* y, al tiempo, creen empleo como las que desarrolla el Proyecto AHA que nos servirá de referente. (El proyecto AHA comercializa y vende muchos de los productos elaborados por los jóvenes en los talleres que llevan a cabo y ha sido capaz de generar 250 puestos de trabajo).

7. Y, ya en el ámbito deportivo, CEX fomentará el uso popular de las instalaciones deportivas de la ciudad, con el mantenimiento y organización de las mismas y el apoyo al deporte de base en todas sus modalidades, potenciando la práctica deportiva diversificada mediante:

a) La puesta en disposición de personal cualificado a tal fin y del apoyo económico y moral a cualquier iniciativa popular o ciudadana que sirva para impulsar las prácticas deportivas.
b) Continuando con la adecuación de todas las instalaciones deportivas del municipio para que sean accesibles para las personas discapacitadas, destinado al menos el 20% del presupuesto de obras a dicho fin y manteniendo y ampliando los programas deportivos de calidad para personas con discapacidad.
c) Revisando y congelando los precios públicos de los servicios deportivos municipales hasta que se produzca una mejora en la situación económica de la ciudad.

PERO LA REALIZACIÓN DE ESTE PROYECTO SÓLO SERÁ POSIBLE CON LA PARTICIPACIÓN E IMPLICACIÓN PRÁCTICA DE LOS CIUDADANOS, JÓVENES Y ADULTOS, EN EL PLANEAMIENTO Y EJECUCIÓN DEL MISMO.

-VIII-

POR UN CONSEJO DE SALUD Y ASISTENCIA SOCIAL

Dos áreas estas que, sobre todo para su tratamiento, nos obligan a que sean consideradas, más que de ningún otro modo, en su aspecto transversal. En el caso de la salud, tanto por la importancia e interés que para el ciudadano posee por sí misma, como por la dependencia directa de la salubridad con respecto a los condicionantes físicos y espaciales (ambientales, de trabajo, situación económica etc.) en los cuales las personas desenvuelven sus actividades diarias, y a las que se refieren los cometidos de los diferentes consejos municipales. Y así en el caso de la segunda, por la intensidad con la que hoy día nos apremian las necesidades de la realidad económico y social de numerosas familias de ciudadanos afectados por la crisis económica, cuya virulencia se extiende más que decae, sin atisbos de solución cercana. De aquí que nos hayamos decidido por la oportunidad de nuestro compromiso con el funcionamiento del Consejo Municipal de Salud y Asistencia Social, integrado también por ciudadanos; en condiciones y funciones semejantes a las anteriores.

No obstante, para con la actividad de este Consejo, más que referirnos a medidas concretas de solución —en las que ni el Gobierno de España desea comprometerse— al estilo de las dadas para otros, nuestro compromiso resulta expresado, aquí, mediante la formulación de las siguientes líneas de actuación:

1. CEX, en los temas de salud y asistencia, no sólo extenderá su ámbito de actuaciones en cooperación transversal con las de los restantes consejos municipales, sino que buscará soluciones y emprenderá sin reparos el camino de alcanzarlas, en colaboración, naturalmente, con los responsables de otras instituciones públicas externas al Ayuntamiento o ajenas a lo público, tales como Sanidad o Cáritas, por poner un ejemplo de cada clase.
2. CEX se compromete con el mantenimiento de los programas asistenciales actuales del Ayuntamiento de Plasencia (el Centro de Rehabilitación Psicosocial, la Oficina del Inmigrante, etc...) a los que seguirá otorgando las financiaciones que requieran en función a esos magníficos y evidentes resultados que generan y a la demanda ciudadana que los mismos tienen; Se evitara así el abandono, la precariedad, la falta de recursos, medios y espacios en los que la junta de gobierno local los tiene sumidos actualmente.

3. CEX procurará bonificaciones del 50% para los pensionistas con pensiones por debajo de los 800 euros en todos los tributos municipales, como son el IBI, Basura, Agua, Alcantarillado y demás impuestos dependientes del Ayuntamiento.

4. Y así como se compromete a prestar cualquier tipo de asistencia que esté de mano del Ayuntamiento a las iniciativas de empleo, asistencia social etc., CEX, *declara su compromiso de impulsar la creación de un economato para la ciudad en el cual las economías familiares más modestas puedan adquirir toda clase productos de consumo doméstico.*

5. Dentro de las funciones de este consejo, CEX *procurará la existencia y funcionamiento de una oficina de asistencia social y ciudadana gratuita a la cual los placentinos podrán acudir en primera instancia para ser orientados (o en su caso satisfechos, si cabe) sobre la solución o el modo o camino de alcanzarla, para cualquier proyecto o problema (sea económico, ciudadano, social o jurídico) que se le presente. La idea es iniciar el camino que desemboque en la creación de la figura institucional del Defensor o Valedor del Ciudadano.*

EL PROYECTO SÓLO SE VERÁ REALIZADO CON EL APOYO Y PARTICIPACIÓN DE LA CIUDADANÍA.

***

CEx HACE UN LLAMAMIENTO A TODOS AQUELLOS CANDIDATOS DE OTRAS OPCIONES POLÍTICAS PARA QUE SE SUMEN A ESTE PROGRAMA Y A LOS QUE EN SU CASO Y EN LA OCASIÓN RESULTEN ELECTOS PARA QUE LO ASUMAN COMO MANUAL PRÁCTICO DE GOBIERNO, PORQUE SÓLO LA PARTICIPACIÓN DE LOS CIUDADANOS Y CIUDADANAS EN ESTE PROYECTO POSIBILITARÁ LA REGENERACIÓN DEMOCRÁTICA.

EPÍLOGO A MODO DE CONCLUSIÓN

-1-

Sobre el resultado electoral

Aunque el principal propósito de esta publicación haya sido, en un principio, la de dar una mayor difusión al programa de CEX-PLASENCIA y este ya esté transcrito, si previamente nos hemos entretenido en darle una introducción para explicar las motivaciones, contingencias y el fin para el cual resultó ser planeado, tampoco nos sobrará que ahora nos extendamos algo más en valorar resultados de una primera acogida. Aunque debe quedar claro que en esta valoración no se pretende otra cosa que la de poner en valor el propio punto de vista sobre el interés de un trabajo realizado, del cual no tiene importancia alguna el éxito que haya tenido o bien, dicho de otro modo, considero que el valor del programa aludido no quedó, en nada, determinado por aquel que otros le hayan podido dar, por el hecho, burdo y simple, de haberlo sometido a un juicio electoral.

Si bien, en primer lugar, debo acudir a algo que ya fue dicho: Toda esta historia, que cuento, en cuanto que me ha afectado, parte de una contradicción: «*Cuando Javier Caso me invitó a integrarme en su proyecto de* CEX-PLASENCIA, *le había respondido que, nunca más apoyaría otra opción política que no fuese Comunista, ni para votar. Pero claro, o no la había o él no la conocía. Al secretario general del* PCEX, *los de la* IU *ni siquiera le habían dejado el segundo puesto en la lista por Badajoz para estas elecciones autonómicas. Aunque a mí no me cogió de sorpresa. Hacía ya cuatro años que sabía que así sucedería y así se lo había participado en su día, a los mismos rechazados. Las experiencias vividas cuatro años atrás en* IU, *de elocuentes que habían sido, eran pruebas evidentes de unos hechos que, forzosamente, deberían consumarse definitivamente más adelante. Y tanto fue así, que poco antes de que sucediesen sólo albergaba la duda de si el rechazo no habría sido buscado y consentido por los propios defenestrados*». Lo cierto es que sucedió lo que había previsto. De aquí la respuesta a Javier Caso: «*Si la opción no es comunista, ¿para qué?*». Y, sin embargo accedí. Las razones ya han quedado sobradamente explicadas.

No obstante, la experiencia fue magnífica. Y a pesar del resultado electoral obtenido, lo mismo que en otros tiempos, en ningún momento he sentido —ni en esta hora en que escribo— que el esfuerzo, tan intenso y disciplinado como siempre, fuese en vano, en absoluto. El hecho de haber participado en la creación, elaboración, publicación y difusión del programa electoral me parecía, en sí misma, la labor definitiva de toda la actividad política de mi vida de militante de base. Fuese cual fuese el resultado electoral que obtuviésemos, ahí quedaría el modelo de programa municipal necesario para la práctica de una democracia auténtica, realmente soberana.

Aún así, y antes de escribir el párrafo definitivo, no he querido dejar de reproducir aquí, la última discusión que tuve con mi amigo Javier Caso, sobre CEX, lo mismo que el resultado, en consecuencia, por si fuese aprovechable para algo; si bien, ya puede leerse en «http://convergenciaporextremadura.bloqspot.com». El motivo del diálogo fue que a los participantes en la candidatura CEX-PLASENCIA nos habían invitado a participar en la «1ª Conferencia Regional de Convergencia por Extremadura (CEX), a celebrar el sábado 4 de Junio 2011» por cuya causa nos enviaban el documento básico a discutir. De aquí lo que sigue:

— HERMINIO (A JAVIER): He leído el documento. Y no entiendo casi nada. No veo de qué se trata, si va de organizar un partido (no se dice, ni porqué ni para qué) o si ya existe ese partido y se trata de lo que no debe ser, como partido (lo cual es contradictorio). Por otra parte, lo único que queda claro es que se dice que CEX es un grupo de amistad, con pretensiones de movimiento social y electoral, con ideas y un programa, unas veces, por hacer (que es la idea que lo motiva) y otras ya elaborado, en torno al cual, según dice, CEX se había aglutinado. Los principios militantes que se deducen de él, «sinceridad, cordialidad y comodidad», me suenan a cara buena y risueña de la sociedad burguesa. ¿No te parecen, Javier?

— JAVIER: El partido ya existe y tiene sus estatutos, que se te pueden remitir. Ahora de lo que se trata es de analizar los resultados electorales y trazar nuestra estrategia de cara al futuro contando para ello con el mayor número de aportaciones posibles. El documento no es un texto totalmente acabado, pues ello limitaría la participación. Se han plasmado 10 puntos sobre los que el grupo debe de opinar, o sugerir otros. Se trata de un enunciado de una serie de temas que pueda suscitar la realización de un mayor número de aportaciones y sugerencias por los miembros de CEX. Es un documento abierto para que cada cual aporte lo que considere conveniente y oportuno, en la línea de la necesaria elaboración colectiva. Las contradicciones no deben evitarse, pues de ellas surge el desarrollo. En cuanto a los principios que citas son los relativos al punto de la cooperación política. Y es necesario que sean así, ya que no podemos llegar a acuerdos con entornos organizativos hostiles o que no entiendan nuestros mensajes.

— HERMINIO: Vamos a ver si me entero, Javier. Las cosas son como son. Me refiero a que una conferencia, una reunión política, se convoca con un propósito, con un fin o simplemente para fijar objetivos, o bien para planear cómo llegar a alcanzarlos, si estos fueran conocidos de antemano. Sobre el documento que invita a la reunión yo te dije: No veo de qué se trata. Y tú respondes que se trata de analizar resultados y fijar una estrategia de futuro. Pero lo cual aún me desconcierta más, si me vuelvo al punto 1 del documento. Pues analizar resultados presupone haber actuado ya, conforme a un plan anterior y fijar una estrategia de futuro equivale, o bien a expresar la voluntad de afirmarse en la anterior, ya usada al poner el plan en marcha, o bien a la de la decisión de tener que variarla, porque nos haya fallado o ya en función de variantes parciales o totales en el plan.
Pero en cambio, el punto 1 con «*deberíamos*», efectivamente, deja abierta, en la indecisión, la razón de la convocatoria que al mismo tiempo, sugiere con «*establecer nuestras líneas básicas de actuación*». ¿Actuación, para qué? O al parecer, no importa, o es que yo no lo sé. Lo cierto es que aquí no consta. Sin embargo sí se admite que para actuar se necesita un programa o un plan. Y es verdad que es necesario planificar las acciones antes de llevarlas a cabo. No obstante, me parece un despropósito pretender que el programa nos sirva como «*guía orientadora del fin que nos proponemos*» y mucho más sin que éste aparezca definido previamente y no menos cuando su función (del programa) no es otra que la de fijar en el espacio y el tiempo la ejecución de nuestras actividades, ideadas o propuestas para conseguir los objetivos que nos conduzcan al fin que nos hayamos propuesto. Lo que ya no puede ser es que, al mismo tiempo, el programa nos sirva de clarificador de ideas, porque las ideas surgen de la reflexión, individual o colectiva, sobre las experiencias vividas en la propia realidad. De ellas nacen los planes para transformar la misma realidad, según nuestra conveniencia. Y precisamente, para ejecutar los planes del modo más eficiente también nos organizamos. Todos estos elementos relacionados, tal como aquí los explico, son los que orientan los planes de actuación y me parece también, que nunca ha sido al contrario.
Y fíjate, Javier, qué largo me ha resultado pararme en el punto 1, teniendo en cuenta la observación que me has dado. Pues imagínate hasta dónde lle-

garíamos, si hubiese que hacer algo parecido con los puntos que aún restan del documento. Creo que es preferible que no me sugieran nada.

— JAVIER: te invito a traducir lo que nos haces llegar como crítica a un lenguaje positivo; al objeto de que nos sirva a todos, no como mensaje de desaliento y desánimo por las carencias que podamos tener para elaborar, sino como estímulo, orientación y guía. Pues más que criticar lo que los demás hacen (consecuencia de sus contingencias de reforzamiento que diría el Profesor Skinner), se trata de proponer lo que nosotros (en este caso tú) consideraríamos/consideras que se debería de hacer. Cada cual necesita de unas herramientas e instrumentos. Unos se guían por la razón y otros por la intuición. Cada cual ha de aportar lo que considera que al documento global falta o carece, desde su punto de vista. Por lo que a mí respecta asumiré lo que se proponga al objeto de ir haciendo que el grupo vaya adquiriendo su propia experiencia bajo el criterio de acompañar, sin vanguardizar, que practico.

Siendo así, como Javier razonaba, ya no me quedaba otra, que la de intentar aportar, mi punto de vista. Así que, sin pretender elaborar un documento alternativo, este fue el resultado:

1. Ante todo, nos conviene comenzar por reconocer cuál es o son las motivaciones que nos han movido, y nos mueven, a celebrar esta I Conferencia Regional de CEX:

a. A partir del reconocimiento de la necesidad de tener que compartir nuestras inquietudes políticas insatisfechas, para poder superar esta situación real, en la cual se invalida todo tipo de participación ciudadana, por parte de los poderes políticos en los asuntos públicos que nos conciernen directamente, nos hemos organizado bajo las siglas de CEX; primeramente, en movimiento ciudadano.

b. Yendo más allá en nuestro empeño, en la práctica del movimiento, hemos derivado en grupo político, mediante la decisiva determinación de proyectarnos hacia la ciudadanía extremeña como vehículo idóneo de participación democrática. Para ello, hemos optado por conformar candidaturas electorales abiertas a los ciudadanos, para poder acceder a los espacios políticos en los que actualmente se toman las decisiones reales de gobierno. Y las hemos llevado cabo tal y como nos propusimos, tanto para los ámbitos locales, a nivel municipal, como para el ámbito regional o autonómico.

c. A partir de las aportaciones de la ciudadanía e interpretando la razón de sus carencias ciudadanas, inquietudes y soluciones propuestas para las mismas, y siempre fundamentados en la base de los principios plasmados previamente en nuestro ideario común y publicados, hemos elaborado los programas que nos consintiesen aglutinar a nuestros candidatos bajo un proyecto que nos avalase para presentarnos como una opción válida de gobierno para la ciudadanía, pero con la firme pretensión, manifestada públicamente, no tanto de representarla en las instituciones, sino con la de hacer posible nuestro compromiso de gobernar con, por y para la ciudadanía. Nos hemos obligado en la realización de la campaña electoral y la hemos llevado a término, hasta el último momento, en el día 22 de mayo, como cualquier otro partido, y aún a pesar de nuestra inexperiencia en estas lides políticas y de la absoluta carencia que hemos tenido de otros apoyos externos, que no fuesen los de nuestros candidatos integrados a las listas.

2. De lo anterior, uno de nuestros resultados fue que más de un millar de extremeños/as depositaron su confianza en CEX en las Elecciones municipales y autonómicas de nuestra comunidad y ello a pesar de nuestra recientísima aparición en el escenario político y de la total discriminación manifestada por los medios de comunicación públicos y afines al régimen del gobierno extremeño. Debemos entender, por tanto, que, más allá del veredicto de las urnas, nuestro compromiso político y social ha quedado vinculado a la ciudadanía junto con otro modelo de entender la práctica de la democracia real y participativa, en línea con los intereses y deseos de los ciudadanos.

3. De otra parte, están los acontecimientos de protesta —todavía activos— acaecidos, al mismo tiempo que los electorales, en las plazas de grandes ciudades españolas y en las nuestras, y surgidos como auténtica fuerza de reacción en contra de las medidas radicalmente impopulares que nuestros gobiernos están tomando, a favor de los mercados y sus poderes fácticos, para intentar solucionar la crisis económica que ellos mismos han provocado en interés propio.

4. Las manifestaciones masivas de protesta protagonizadas por la parte más sensible de nuestras poblaciones, reivindicando un mayor nivel de participación democrática para el pueblo en los asuntos políticos, igualmente nos vienen a evidenciar que no solamente las causas de la inquietud, materializada en las protestas, entran en conexión con las nuestras, sino también que el proyecto democrático que hemos presentado a la ciudadanía bajo el pretexto electoral —pongamos aquí como modelo el programa local de futuro elaborado para la ciudad de Plasencia— constituye, en esencia, la expresión política resolutiva del núcleo central de las reivindicaciones demandadas por los jóvenes en las plazas, realizado a través de las instituciones básicas. Y realmente, de haber conseguido los apoyos suficientes de la ciudadanía, la alternativa necesaria a las deficiencias democráticas actuales hubiera podido comenzar a experimentarse prácticamente, con la intervención de los ciudadanos en los gobiernos del pueblo, a partir de ámbitos municipales.

5. Igualmente, también debemos sacar conclusiones de la conjunción de las dos experiencias anteriores, de tal modo que aquellas nos permitan perfeccionarnos en nuestra labor para continuar el camino emprendido hacia la consecución de los logros a los que nos hemos vinculado al iniciarnos prácticamente en la ejecución del compromiso adquirido. Y de aquí que nos decidamos por puntualizar las siguientes, como síntesis principal de lo experimentado o como enumeración de temas en los que resumir los contenidos de nuestro aprendizaje y los cuales no vienen a otra cosa que a reforzar la necesidad de confirmarnos en algunos de los principios que nos inspiraron, ya expresados públicamente, con anterioridad a estas experiencias:

1) Hemos observado la necesidad de la organización y al detalle, como medida esencial y previa al desarrollo de cualquier actividad para garantizar su éxito.

2) Sobre la idea de que toda tarea importante deberá ser asumida por la totalidad del grupo, hemos comprobado la conveniencia de organizarnos en equipos para la realización de las distintas funciones, autoseleccionándonos entre nosotros mismos, según las aptitudes y según requieran las actividades a realizar en las diferentes fases o etapas. Se trata de alcanzar las mayores cotas de eficacia, pero también de que ninguno de los componentes del grupo resulte sobrecargado de trabajo.

3) Lo mismo hemos podido deducir, sobre la importancia de la distribución equitativa de las cargas económicas. Punto del cual cabe resaltar que también se nos ha hecho evidente el grado de importancia fundamental que posee el tema de las finanzas y su previsión, para el desenvolvimiento de cualquier actividad política, tanto sea en cometidos individuales, como en colectivos.

4) De la experiencia sobre la forma en que se han conformado y configurado nuestras candidaturas podemos deducir que, cual nuestras pretensiones, lo interesante de CEX es el PROYECTO y no quienes figuren en él. Que en cada lugar puede haber personas válidas dispuestas a incorporarse y que, por lo tanto, no cabe, por innecesario, reservar para nadie, previamente ni convencionalmente, al margen del interés de todo el grupo

en la realización del proyecto, un puesto fijo en una lista electoral.
5) Tanto quien encabeza una lista, como los restantes componentes deberán ser todos ellos, cada uno, portavoces, que no dirigentes, de la voluntad de los demás.

6) Desde un principio habíamos convenido que, bajo ningún concepto, debería convertirse a CEX en una organización vertical, y precisamente ha sido su horizontalidad, reflejada en su programa lo que más ha entusiasmado a sus componentes e interesado a las personas en la calle.

7) Y, quizá también haya quedado claro, que CEX deberá seguir insistiendo en que su proyecto no debe centrarse en dirigentes ni en los candidatos en el momento electoral, sino sobre colectivos que decidan afrontar y someterse a un proceso de trabajo para cambiar un modelo político que no funciona. Como paradigma de la ocasión electoral podemos tomar la comparación de los casos de Cabezuela del Valle y Plasencia.

En Cabezuela del Valle el cartel electoral de CEX no fue diseñado de modo que destacase de él uno u otro candidato más o menos conocido, sino que allí se mostraba con acierto, los/as compañeros/as de Cabezuela del Valle, al verdadero colectivo de ciudadanos en el que se constituyó su candidatura. Pensamos que a ese acierto se ha debido en gran parte su éxito electoral.
En Plasencia, la propaganda, en la que se centró el grueso de la campaña, se materializó en dos decenas de miles de panfletos en los que, aunque repartidos por un igual para dar a conocer los nombres de la totalidad de la candidatura y el resumen de lo esencial del contenido político del programa, de todos ellos se hacía destacar, sobre todo, la imagen del primer candidato. No es que deduzcamos de ello, directamente, que la intención de este hecho haya sido, en el sentido contrario a lo anterior, una causa de fracaso, sino que no dio resultado.
Si bien, es más cierto que, en los cuatro días a los que se redujo la campaña en el caso de Plasencia —por ser materialmente imposible la disposición de más tiempo, debido a fallos de previsión organizativa, originados por la inexperiencia del grupo— resultaría de todo punto impensable la posibilidad de que la imagen del candidato pudiese llegar a ser divulgada convenientemente entre la ciudadanía, para su conocimiento, ni por muy popular que la cual pudiera haber resultado; y lo mismo se podría decir del programa, por muy novedoso o interesante que este pudiese ser. Pero, de todos modos, cabe deducir de ello que, a pesar del interés volcado en el trabajo, e incluso de la entrega, por parte de los integrantes del grupo, a nuestro juicio, las imprevisiones orgánicas de la inexperiencia política fueron las causas primordiales de que los resultados de la campaña no diesen

para alcanzar mayores cotas en votos.

6. Ya como conclusión final de esta reflexión, y después de declarado nuestro empeño en proseguir en la tarea política en la que voluntariamente nos hemos comprometido con la ciudadanía extremeña, sólo nos resta añadir lo que a nuestro juicio resulta más destacable y apropiado o válido para CEX, de modo que nos ayude a establecer las líneas básicas de actuación para seguir afrontando la labor iniciada y cuya necesidad perentoria (de las mismas) se desprendería igualmente de las medidas de continuidad para realizarla. Cabe anteponer, sin embargo, que se trata de ampliar el campo de acción, con mayor intensidad, de lo local a lo regional. Pero ello no hará otra cosa que reafirmarnos en la voluntad de satisfacer nuestras necesidades destacando, en primer lugar, lo que ha quedado más claro de la experiencia de nuestro estreno político como CEX, aunque no resulte lo prioritario:

1° No cabe duda de que de la reflexión debiera desprenderse que tanto el tema de la Organización como el de Finanzas deberían ser destacados como merecedores de atención prioritaria. Y lo son, de hecho, para cualquier partido político que se precie, el uno en razón de dar la mayor fortaleza, eficacia y alcance de la acción partidaria y la otra en la de sostener el mantenimiento de cualquier instrumento político y dotarle de los medios necesarios para que pueda realizarse en sus obras y según sus fines, puesto que no es función de ningún partido político la de crear los medios materiales de los cuales autoabastecerse. Además, nos hemos percatado de ello, de su importancia, sobre la base de la propia experiencia. Deberemos pues abordar de inmediato el tratamiento de estas áreas para ordenarlas y regularlas en CEX.

2° Sin embargo y, no sólo porque estemos decididos a ampliar nuestro campo de actuación, sino porque las directrices que rigen los funcionamientos aptos para un desenvolvimiento eficaz de los sistemas organizativo y financiero deben inspirarse en la variedad de actividades a realizar dentro de un espacio y tiempo determinados, ello presupone por tanto, la preexistencia de un programa para acompasar racionalmente el desenvolvimiento para las mismas; de lo que se desprende que los sistemas genéricos de Organización y Finanzas deberán configurarse teniendo en cuenta, sobre todo, los contenidos de los programas generales de los partidos.

3° Y he aquí, paradójicamente al final, lo primordial: El programa general de CEX o, cuando menos, aquel que nos permita extender nuestra labor política a la totalidad de los ámbitos regionales. Pero también la cuestión, que a muchos puede sonar baladí, o quizá simple: ¿Qué es un programa general? Pero no es baladí, en absoluto, si formulamos la cuestión de esta otra manera: ¿En qué debe consistir el programa general de CEX, para Extremadura?

Un programa no es más que un plan ideado para un espacio concreto en un tiempo determinado y con el cual, el sujeto del plan, a partir del conocimiento de la realidad que se da en ese espacio, pretende transformar dicha realidad, mediante cambios ejecutados sobre los condicionamientos determinantes de la misma. Si se trata de un programa político, lógicamente, en este caso, se trata de transformar la realidad extremeña a partir de su conocimiento, mediante la ejecución de un plan político previamente elaborado.

Elaborar el programa político de CEX para Extremadura y planificar la Organización y establecer cómo disponer de las Finanzas, a efectos del funcionamiento de CEX para realizarlo, serían la secuencia de las ocupaciones primordiales, fundamentales y básicas, para hacer posible la continuidad de la tarea política ya iniciada. No se nos oculta que son tareas más que suficientes como para obligarnos a la realización de un Congreso, cuya resolución inmediata quizá no nos sea posible afrontar, ni de momento ni a medio plazo. Puede ser, pero nada nos impide que las vayamos encarando por fases, en sucesivas conferencias, para cerrarlas finalmente en un acto congresual de extensión temporal mínima. El logro fundamental de esta I Conferencia debería ser el de llegar a ser capaces de cerrarla tras consensuar entre todos las directrices que deberán seguirse para elaborar el programa y de nombrar una comisión redactora, lo más amplia posible, para que realice el proyecto de borrador en un tiempo determinado por aproximación. Las posibilidades que nos ofrece Internet como medio de comunicación a distancia posibilitarán, indudablemente, la tarea y la labor de equipo.

Lógicamente, era sólo mi visión de cómo se podría iniciar la organización de un partido que, según mi conocimiento hasta aquí, en la práctica, había sido sólo un movimiento ciudadano con fines electorales. Si bien, el único fruto obtenido había sido el de sacar un Concejal de CEX en Cabezuela del Valle, no de menor importancia, bajo mi punto de vista, era el haber logrado un programa local que podría servir de modelo básico para el desarrollo democrático del futuro. Lo que se proponía en el documento era proseguir la labor de desarrollar la idea a partir de él, aplicándola a todo el territorio autonómico y más allá.

Pocos días después, dos o tres días antes de la fecha de la toma de posesión de los ayuntamientos por las nuevas corporaciones, habíamos estado con los compañeros de Cabezuela, a los cuales entregamos el programa de CEX-PLASENCIA, pues nadie mejor que ellos, para intentar aplicarlo en la medida que les valiese, puesto que nosotros ya habíamos fracasado en el intento. Nuestra recomendación fue la de que no apoyasen ninguna otra opción a la alcaldía para el gobierno local que no fuese la suya, porque, a pesar de contar con un sólo concejal, basándose precisamente en un programa democrático, del cual los demás grupos políticos seguro que carecían y con el apoyo popular y la participación ciudadana, CEX de Cabezuela incluso podría llegar a gobernar el municipio. También asistimos a la toma de posesión de los concejales a sus cargos para la nueva corporación. El concejal de CEX, actuó, según lo acordado, votándose a sí mismo para la alcaldía.

Hoy, en el blog de CEX, y desde el lunes, 27 de junio de 2011, puede leerse la siguiente noticia:

> **Cura de humildad al PSOE «Partido Socialista Obrero Español» en el primer Pleno de la legislatura en Cabezuela del Valle.**
>
> En el día de hoy, se celebró el primer pleno de la legislatura en el Excmo. Ayuntamiento de Cabezuela del Valle (Cáceres), en el que se debatieron entre otros puntos del orden del día, asuntos relacionados con la frecuencia de plenos, creación de comisión de gobierno, sueldo del Alcalde y presencia institucional de los miembros de los distintos grupos de la corporación en varios ámbitos de la actuación municipal.
>
> Podemos afirmar desde CEX, que este primer Pleno Municipal ha supuesto una «primera cura de humildad» al grupo socialista y a su alcalde D. Jesús Manuel de las Heras, quien no tuvo ningún tipo de consideración por los partidos de la oposición a la hora de ofrecer participación en las diferentes tareas municipales, sin tener en cuenta, que los mismos facilitaron su nombramiento al proceder a una auto votación de sus respectivos cabezas de lista en el pasado pleno de investidura del Alcalde.
>
> Derrota sin paliativos de todas y cada una de las propuestas realizadas por el grupo socialista:
>
> 1. Propuesta de celebración con periodicidad trimestral de la Sesiones Ordinarias de Plenos. Resolución final por votación en mayoría: Mensual.
>
> 2. Creación de una Comisión de Gobierno con amplias facultades delegadas por el Pleno y con presencia exclusiva de miembros del grupo Socialista.

Resolución final por votación en mayoría: Denegación y preservar las facultades del Pleno.

3. Asignación sueldo del Sr. Alcalde Presidente del Ayuntamiento por un importe de 1.400 euros netos al mes con una dedicación del 90% a las tareas públicas por tal representación. Se resuelve por mayoría a propuesta del Concejal de CEX D. Óscar Chamorro Muñoz, fijar una cuantía para tal dedicación de 900 euros netos al mes, con dedicación total a esta tarea pública, motivando dicha cuantía en la precaria situación económica del Ayuntamiento y en la actual situación de crisis y necesidad que padece la sociedad.

4. Nombramientos en diferentes áreas externas de competencias municipales (Educación, Sanidad, Mancomunidad, etc...) con miembros exclusivamente del grupo socialista. Son rechazadas todas las propuestas y aprobadas las iniciativas surgidas de los diferentes grupos de la oposición.

Expresamos desde cex, nuestro compromiso con la localidad de Cabezuela del Valle y asumimos la confianza depositada por su corporación en el nombramiento de nuestro concejal, como representante en la Mancomunidad Valle del Jerte.

-2-
Tendencias de la Transición

Sin embargo, ¿a qué nos enfrentamos, realmente? La situación política de la democracia representativa municipal —5 concejales del PSOE, 2 de S.I., 1 de CEX y 3 del PP— en la que ha desembocado el pueblo de Cabezuela del Valle, mediante la última contienda electoral del 22 de mayo de 2011, podría considerarse como un destello diminuto, pero significante, de lo que es, globalmente, la situación de la realidad política del pueblo en todo el estado español. Dicha situación política —que es lo que aquí nos importa— utilizando los términos al uso, dentro de una concepción sencilla, pero realista, puede resumirse así:

La izquierda política, si entendiésemos por izquierdas la representación del pueblo llano, de la pequeña burguesía y de la clase trabajadora, conformaría la representación de la mayoría de la población, como ha venido sucediendo siempre, a o largo del período democrático actual. La población restante, burgueses industriales, comerciantes, financieros, nobleza y aristocracia, siempre han sido minoría y tienen su propia representación a través de sus partidos, que se conforman bajo el nombre de «derechas».

Aunque, políticamente, sucede que ambas formaciones, «derechas» e «izquierdas», nunca se hallaron claramente delimitadas en el conjunto total. Los dos subconjuntos se advierten difuminados por sus bordes, lo que permite que los elementos de cada cual se entremezclen con los del otro, sin que lleguen configurarse separables en ningún momento. Las causas de tal fenómeno son múltiples y variables, tantas como las clases e influencias circunstanciales que se pueden establecer entre los grupos humanos. Si bien, aunque todas ellas tengan su motivación real en raíces económicas, las influencias se consuman mediante las diversas relaciones, igualmente de interés socio-económico, entre las cuales juegan un papel principal y muy determinante las de ámbito laboral, erótico-sexual, religioso y cultural. Las influencias se determinan socialmente por el dominio grupal sobre un ámbito cualquiera, en exclusividad casi absoluta, desde el poder hacia abajo.

En lo que puede servirnos la historia que hemos vivido y aquella que recordamos, de la cual nos han contado, el enfrentamiento entre las dos formaciones, bajo los distintos nombres y en distintas alianzas, ya en la paz o en la guerra declarada, ha sido siempre continuo. Tiro Mato[11], nos decía, en tiempos de militancia en el eurocomunismo, que en España todavía no se había realizado la revolución burguesa, surgida de la industrial, que en España no la hubo habido a tiempo, en tanto que se extendía por Europa en el siglo XIX, ni siquiera las ideas derivadas de la revolución francesa consiguieron, por lo tanto, penetrar en el tejido rudimentario de la burguesía española, políticamente

[11] Un camarada del pueblo, del cual las lenguas de doble filo decían que no podía ser comunista, pues procedía de una familia burguesa en aquel entonces. Su padre había sido empresario, un contratista de la construcción y el cual regentó una empresa de las más conocidas, activas e importantes en toda la comarca. Y sin embargo lo era, como lo fue llegada la democracia, uno de los primeros militantes de la agrupación del pueblo. Más tarde, crítico implacable de Santiago Carrillo, del que opinaba que había traicionado, en la práctica, los principios comunistas. No obstante, por mi parte, estuviese o no acertado el camarada del pueblo, ambos, como otros muchos que hubo y que conocí, nunca me podrán negar que entonces querían ser comunistas.

dominada y sin oportunidades de llegar a liderar el poder hasta llegada la II República de 1931.

No obstante, el período republicano no llegó a consolidarse, sino que se vio frustrado a causa de un golpe de estado acometido por importantes elementos del ejército y que derivó en tres años de guerra civil patrocinada desde el ámbito interior por las fuerzas sociales reaccionarias del mismo ejército, «*la mayoría de los terratenientes, muchos hombres de negocios, así como algunos sectores intelectuales y obreros*» aglutinados o representados —si era el caso, que no necesariamente estarían integrados— por partidos republicanos de derechas. De la guerra salieron derrotados «*la mayor parte de los trabajadores urbanos y de los obreros agrícolas, mineros y gran parte de la clase media, así como de los sectores intelectuales también partidarios de la República*», todos ellos de intereses políticos supuestamente representados por los partidos republicanos de izquierdas. La guerra desembocó en una prolongada etapa de dominio político dictatorial, asentada sobre un tipo de economía autárquica, sumamente precaria y causante de un estado de necesidad continua y subdesarrollo social y cultural para la mayoría de la población, aislada totalmente de la experiencia europea de aquellos tiempos. Que no fue hasta 1959, en que se vio abierta una ventana, para que entrase aire fresco, como esperaban algunos y una puerta, para que otros, muchos obreros, se fuesen para salir del agobio.
Porque fue a partir del 1959, «*en el que un gobierno de "tecnócratas" del franquismo vio aprobado su Plan de Estabilización (reducción del gasto público, oferta monetaria, disminución de las importaciones, devaluación de la moneda, con el aumento del paro y la pérdida del poder adquisitivo interno, consiguientes y acompañadas de liberalización de las inversiones extranjeras, apertura controlada de fronteras y la continuidad de mano dura en la política interna, claro está). Una oferta de explotación al exterior en toda regla, financiada por la ocde y el Fondo Monetario Internacional. A partir de estas medidas, despegaría un peculiar desarrollo y el bienestar económico con sus altos y sus bajos durante los 13 años "siguientes". Apoyados en la bonanza de la expansión europea, se asentaron, además, los tres pilares fundamentales de los ingresos habidos en este período: las inversiones extranjeras, la emigración a Europa y el turismo hacia España. La posibilidad de adquirir tecnología y materias primas energéticas del exterior a bajos precios, facilitaría el proceso de industrialización y desarrollo*[12]». Al fin habíamos conseguido, no sólo una burguesía alta y acomodada y aparentemente estable, sino una clase obrera media que comenzaba a gozar de privilegio de soñar en incorporar-

[12] Párrafo entresacado de "El sueño rojo de un pez", publicado en 2008, por el autor.

se a ella, al sentirse progresivamente involucrada en el acceso a placeres de la incipiente sociedad de consumismo. «La sociedad de consumo», la cual al fin, llegaría algo más tarde. Y a instalarse en todas partes, culturalmente, como una forma de vida.

«Con el acercamiento a Europa, se asentaron las bases estructurales suficientes para una posterior integración al estilo de vida del capitalismo desarrollado, más cercano y ajustado a las dependencias europeas. Las inversiones hacia la industrialización más moderna (química y del automóvil, sobre todo), la emigración al exterior e interior y el turismo trajeron consigo la disminución de la población rural y del peso del sector agrícola, en favor de la urbanización y a su vez, urgieron el fortalecimiento junto con la ampliación del sector servicios y con éste, el desarrollo creciente de la construcción, del transporte y de las comunicaciones».

«En consecuencia, estos cambios provocaron los suyos en lo social: En el campo, el pequeño propietario, sin recursos financieros y ante el éxodo de los jornaleros, no pudo afrontar la mecanización, cosa que no ocurrió con el medio, mientras que "los grandes terratenientes (...) perdieron peso económico e influencia política"; crece y se fortalece la clase obrera urbana mientras disminuye el número de pequeños industriales y aumenta el de los vinculados al comercio y al transporte, el "de técnicos medios y otras ocupaciones relacionadas con el mercado". Todo ello desenvuelto dentro de un dinamismo económico y movilidad geográfica y social acelerados. Pero, además, en contraste con la perseverancia del régimen político dictatorial, al que, sin embargo, no se le veía cuestionado decisivamente por las mayorías sociales. Ni en las capas populares, ni en las clases selectas era mucha la influencia de la cultura moderna y era exiguo el debate, aparte de lo del fútbol, pero quizá la movida, la emigración y el turismo comenzaban a influir en mescolanzas de clases, haciendo mella en las altas, aunque no fuese muy seria en mentalidades rancias».

«En fin, fue el "milagro económico" y gracias a tal milagro, procurado en el trabajo, la vida había comenzado a sonreír para la mayor parte de la población, anteriormente depauperada, pero la cual podía ahora sentir cómo se alzaba su nivel de bienestar y consumo. Que sin llegar todavía,los menos a lo abusivo, los más, aunque tampoco llegase ni lo suficiente a todos, veían como llegaban la sanidad, la educación, las pensiones... Que, por supuesto, siempre financia el trabajo. Así que no está mal recordar que "los años sesenta estuvieron caracterizados no solamente por la emigración, sino también por el pluriempleo y las 'horas extra', y en 1.976 más de la mitad de la población activa todavía trabajaba más de 46 horas semanales", y algunos más. Y doy fe. Es que aún no había llegado al límite de consumarse en España lo de la globalidad, sino que algo faltaba. Faltaba, otro siguiente milagro, aunque también —y sea la bien

querida, si se crea en libertad—: La increíble dependencia de los cuerpos y las mentes prisioneras de las mayorías»[13] *políticas.*

Quizás, finalmente satisfecho por los logros alcanzados en la España de última hora, «Franco se murió en su lecho en 1975». Aunque lo cierto, fue que se murió de viejo y no en cama, como se suele decir, sino entubado. Porque lo mismo se dice que había unos que todavía no querían verle muerto, por el temor que sentían a enterrar su pasado. Como hubo, también de los suyos, otros que en cambio, sí querían, pues, después de tanto tiempo que hacía que consideraban que era un cadáver durmiente, políticamente, preferían enterrarlo, para dejar de adorarlo e idolatrarse a sí mismos. También tenía por enemigos más íntimos, a otros, que no eran muchos, pero temidos como las sombras fantasmagóricas de su pasado. Por su parte, la burguesía pujante, fuese leal o extraña hacía tiempo que daba muestras de ambicionar el gobierno, pues tener peso en un país, sin gobernar, no es seguro ni fiable y, además, ser una clase importante, bajo una dictadura, tampoco era aval de pase para la entrada, como una más, en la Europa democrática. Estaban en todas partes, repartidos como mejor les pluguiese. De otra parte, estaban algunos otros que, hasta aquí no habían comparecido, o apenas sí, pero afirmaban que tampoco les daba igual que fuese la voluntad militar del general quien dirigiese el cotarro, si bien, muy en el fondo, tampoco disimulaban, sino que iban más allá en asustar e incluso en espantar a los fantasmas de Franco, pues por entonces ya aspiraban al gobierno en nombre de aquellos que les mandasen. También eran, naturalmente europeos, pro OTAN y anti-Pacto de Varsovia, aunque esto, de momento, lo ocultasen negándolo. Pero Franco ya había nombrado heredero, mucho antes; un rey para toda España. De facto, políticamente, era la restauración del antiguo régimen. Estos eran sus deseos, pero España había cambiado. No obstante, si queremos aclarar la identidad de estos grupos, con los nombres de los partidos fundamentales a los que dieron lugar antes del punto y aparte, debemos rebautizarlos: De los primeros del párrafo, salió primero Coalición Democrática (CD) le siguió Alianza Popular (AP) y, ya de aquí, el PP; los segundos dieron lugar a Unión de Centro Democrático (UCD); los terceros, al Partido Comunista de España (PCE) hoy licuado en IU y los últimos, al Partido Socialista Obrero Español (PSOE), lógicamente, el de más éxito, políticamente hablando y el cual aún nos gobierna hoy. Cierto que aún hubo muchos más, y que aún hay, pero eran, como son, minoritarios, sin poder de decisión nacional, a excepción de algunos nacionalistas periféricos.

[13] No he podido sustraerme a copiar literalmente este párrafo junto a los dos anteriores del libro, antes citado, puesto que ya estaban escritos.

Fundamentalmente, con los partidos nombrados, muerto y enterrado Franco, al fin el pueblo, a cambio de ello, obtuvo de la vieja dictadura monarquía y democracia; aunque ambas se fueron consolidando, más o menos, durante todo un proceso político, corto o largo, según quien lo considere, porque en esto no hay acuerdo, si no es para nombrarlo: El período conocido por «Transición Democrática». Si bien, ahora lo resumiremos. Pero visto desde hoy, porque hasta aquí lo alargamos, para dar fe de los hitos que para nosotros fueron los hechos determinantes, los mínimos, sólo al efecto buscado, de modo que éste nos sirva para lo que aquí tratamos. Y así fue, según propio parecer:

Puesto que no hay democracia, de la clase que ésta sea, sin un pueblo que la avale, se consensuó entre los partidos un texto constitucional que se aprobó por las «Cortes» el 31 de octubre de 1978 y que el pueblo ratificó en referéndum en diciembre de este año. Era sólo el primer paso, el derecho del Estado transformado en Estado de Derecho. Pero, no era sólo democracia lo que nos había tocado, también nos había llegado la crisis económica iniciada en 1973 y entonces, en consecuencia, la democracia era débil y había que apuntalarla. La situación económica adquiría gravedad: «*La inflación rozaba el 44%. Propiciando el gran endeudamiento empresarial un alarmante incremento del paro*». Y así, para paliar la crisis en 1977, las fuerzas políticas parlamentarias consensuaron y firmaron «Los Pactos de la Moncloa»: «*flexibilización del mercado laboral, en pro de crear nuevos empleos*». Sacrificios para el pueblo a cambio de seguridad democrática, es decir, algo más de libertad, siempre jurídica.

En 1981, la crisis volvía a acuciar (el paro subía al 15%) y además era política: UCD se desintegraba y la derecha de algo más allá que ésta, considerada de centro, ya no estaba tan segura de si hacía bien o mal. El PSOE, quizás un tanto impaciente por gobernar, acuciaba más la crítica y el Parlamento, indeciso, no acertaba en investir a Leopoldo Calvo Sotelo, ni aunque también fuese de UCD, como sucesor del Presidente Suárez. Y en esto, durante la votación a su candidatura como Presidente del Gobierno, el 23 de febrero de 1981, irrumpe en el Parlamento el teniente coronel Antonio Tejero, al mando de varios guardias civiles armados e intenta un golpe de Estado militar, confabulado con otros que estaban fuera. Evidentemente, el rey, que no estaba en ello, dio la orden de pararlo. En consecuencia, el rey resultó ensalzado, por los partidos y el pueblo, como defensor real de la democracia. Calvo Sotelo fue investido presidente por un año, durante el cual lo más relevante de su gobierno fue que se llevó a cabo la adhesión de España a la Organización del Tratado del Atlántico Norte (OTAN), aunque esto, naturalmente, con la protesta del PSOE, opositor implacable, aunque más tarde, una vez en el poder (1982), el Gobierno socialista convocó y ganó el referéndum a favor de la permanencia en la OTAN (1986), «*porque era imprescindible como previa condición para la entrada en la Unión Europea* (UE)», otro logro más del PSOE, en el mismo año de 1986. Si bien, también fue Calvo Sotelo, quien con anterioridad le allanaría el camino al firmar él el preámbulo definitivo de adhesión al Mercado Común Europeo.

Así que en 1982, después de haber superado la intentona reaccionaria, con la entrada del PSOE en el Gobierno de España que se extendería hasta 1996, no sólo se evidenció, de principio, hasta dónde estaría dispuesta a llegar la democracia, más allá de simpatías recalcitrantes y de añoranzas franquistas, sino que, en todo ese recorrido de sus gobiernos fue donde, en realidad, se fueron consolidando las leyes y las medidas fundamentales, necesarias y precisas, para poder transformar un régimen político, que, llegado al fin de sus días, no podía avanzar más, sino que era reaccionario y por lo tanto, o bien se reconvertía, o bien había que reemplazarlo olvidando lo anterior, por otro más progresista y dinámico a tono con los principios y prácticas de la cultura burguesa en ascensión en España, la cual, lo mismo que el capital, despegaba con deseos de medrar en intereses y haciendas, y quién sabe si también entre sueños de grandezas, pues, incluso el mismo rey, quizá jugando la misma baza, a cualquiera, por sus méritos, políticos o de otros, hacía grande de España, nombrando, a unos condes de quién sabe dónde y a otros marqueses sin cuento. Tanto fue así que, el grado de complacencia alcanzado por la cultura burguesa hacia el final de esta primera etapa de gobiernos socialistas, hizo exclamar a un ministro de tributos y de haciendas algo así como que España era el país de este mundo donde más fácil y graciosamente, cualquiera podía hacerse millonario. Y tanto, que tan versátil manera de procurar la abundancia, forzó al mismo PSOE a devolver el gobierno a manos de las derechas. Aunque, tras otras dos legislaturas (8 años) de gobiernos en manos conservadoras del PP, al parecer, más templadas en cuestiones económicas, según cuentan ellos mismos, un golpe mal recibido les llevó, de nuevo a la oposición y al PSOE al Gobierno, después del triunfo electoral apretado del 2004.

Cierto que aún no se aclararon con seguridad las causas originarias, las reales, en cuanto a la inspiración del golpe dicho, a la motivación certera de quienes o de quién lo haya movido, dirigido o patrocinado desde una primera instancia. Pero lo seguro es que el golpe de mano del 11-M (en marzo de 2004), a tres días de celebrarse elecciones, produjo 191 muertos, y 1.858 heridos, como también lo es que no mucho antes la dirección del PP, en su ardor patriótico conservador, había ido más allá de la línea roja del sentido común al confundir las funciones del Ejercito español con las de los Tercios de Flandes, con lo cual casi a punto estuvo de arrastrar a su país con los EE.UU hacia la guerra de Iraq, la cual todavía prosigue. Ya nadie duda, hoy en día, que el pueblo no comprendió ni aceptó la postura belicista del PP. Que esta fue relacionada con la masacre del 11-M y que, de modo natural, esta misma influyó en el resultado electoral, negativamente para el PP. Lo curioso, sin embargo, es que el gobierno de España mantenga actualmente sus tropas en la guerra de Afganistán y una parte de su flota y aviación en apoyo de la OTAN en sus ataques a Libia (otra guerra declarada), sin que la mayoría del pueblo español reaccione, manifestándose en contra de quien gobierna estos hechos. A mi entender no es bastante razón, para no inmutarse, el que el Gobierno declare que estas guerras son legales y que la otra no lo era, y ni aunque el PP lo apoye.

Pero, volviendo a retomar nuestro hilo, evitando que se nos vaya desde este punto a otra parte, advirtamos que al funcionar la alternancia de partidos, aunque hubiese sobresaltos, duros pero pasajeros, el ciclo democrático se había cumplido, se supone. Y quizá, tras él se ha iniciado otro. Este que ahora vivimos. Pues bien, tomando todo el tiempo de alternancia de gobiernos de ambos partidos como si fuese una etapa, que llega hasta el 2004, desde el año 1982. Podríamos llamar al de antes, por sí mismo, Período de Transición y a este otro declararlo como Período de Consolidación Democrática. Y podríamos señalar cuantas medidas y leyes fundamentales se hayan ido sucediendo a lo largo del trayecto, a cargo de los gobiernos, según se fueron dictando, conformado y adaptando los proyectos deseables a la propia realidad. Sin embargo, no es lo nuestro hablar de leyes. Lo que ahora nos conviene es citar ciertas medidas, para hablar de aquellos cambios globales que se dieron con certeza en aquella realidad de la etapa para suscitar la nuestra, esta que vivimos hoy, para poder, de este modo, comprenderla y poner punto y final a la intención que nos movió hasta aquí.

A) EL ADVENIMIENTO SOCIALISTA.

En realidad, la llegada de los socialistas al poder de gobierno y en todos los años siguientes de esta etapa que consideramos, podría catalogarse como la del afianzamiento definitivo de la burguesía en el poder, así como la de mayor influencia social y cultural de la misma sobre lo restante de la población española. Todas las medidas tomadas por los gobiernos de esta etapa, de los dos partidos, no sólo fueron encaminadas a favorecer el desarrollo y defensa de los intereses burgueses, sino que procuraron, más que nada, el desarrollo y la modernización del nuevo estilo de vida que, de todos modos, ya se había iniciado en los 70, en continuidad con las influencias derivadas de la apertura franquista de la década anterior. Ahora se trababa, sobre todo para los socialistas militantes del PSOE, de asegurar el poder de decisión que les otorgaba la ocupación de las instituciones del Estado democrático. Y era éste un buen punto de partida, puesto que la opción socialista —ya liberada, recientemente, de connotaciones obreristas, gracias a la renuncia del partido a devaneos ideológicos propios de un partido obrero— se habían sumado los electores en abrumadora mayoría. Y tanto, que aún a pesar de que en 1982 el PSOE se hacía cargo de un país con la tasa de desempleo más alta de Europa y con una inflación y déficit público igualmente bastante superior a la media de la misma, mientras las voces más autorizadas de la patronal reclamaban medidas urgentes de flexibilización del mercado laboral, el PCE había quedado reducido a la mínima expresión parlamentaria, en su resultado electoral A partir de aquí ya no sólo no se recuperaría, sino que desaparecería totalmente del arco parlamentario. Y así, la clase obrera, que tanto había colaborado en propiciar la llegada de la democracia en su mismo origen, perdería para siempre —hasta la fecha, y aún sigue— la ocasión de dejar oír su voz en el Parlamento a través de su partido más característico y genuino. Y he aquí, tal vez, aunque no se reconozca, uno de los primeros apuntes dignos de tener en cuenta como cambio significativo, dado durante los primeros gobiernos socialistas, en esta etapa: La derecha derivada del franquismo no lograba recuperarse mientras el PCE se veía ante las puertas de la desaparición: En tanto que la sombra de Franco se disipaba, la de su mayor enemigo tradicional, se empequeñecía, al punto de ser borrada, como lo fue.

En los primeros tiempos de esta etapa correspondientes a gobiernos del PSOE se dio el «plan de empleo juvenil» con los contratos «basura», la legalización de «empresas de trabajo temporal» y los primeros recortes de las prestaciones. En ellos se aplicó el «plan de estabilización económica» y se realizó la «reconversión industrial» con el cierre de muchas empresas públicas, consideradas obsoletas o la venta de las mismas, lo cual significó el desmantelamiento del tejido industrial del INI creado en el franquismo. De lo que unos opinaron que era para bien, puesto que así se saneaba la economía y se preparaba para su recuperación. Otros no veían claro, porque aquello era de todos, como fruto del trabajo y no de Franco. «*Los socialistas pensaban que aquello no funcionaba y más valdría venderlo como una herencia mal conseguida, mal dada y mal gestionada, porque además tampoco era, ni mucho menos, privada*».[14]

[14] Traducción del gallego, de un artículo en www.kaosenlared.net/noticia/verdadeira-memoria-da-transicion-paleto-do-paro.

Fue también en estos años cuando acabó de diseñarse el mapa autonómico español con la aprobación de estatutos de autonomía de Extremadura, Baleares, Madrid y Castilla y León (1983)[15]. Aunque los socialistas también se ocuparon de hacer frente a la campaña terrorista de ETA, que se había endurecido, al mismo tiempo que emprendían la reforma del Ejercito franquista para alejar al Estado democrático del peligro, aún latente, del golpismo. Según Narcís Serra, ministro de Defensa, la transición militar sólo se podría dar por culminada cuando las Fuerzas Armadas se hubiesen convertido en una parte integrante de la administración estatal, que no influyese en las decisiones políticas ni fuese un campo acotado de decisión, sino que sirviese para aplicar las decisiones de política de defensa y de política militar adoptadas por el poder civil. Mediante la reforma Educativa (LODE) quedó establecida la enseñanza obligatoria hasta los dieciséis años («*nada de dejar ir a la escuela para aprender un oficio y ponerse a trabajar, que también los niveles de paro lo requerían así*»). «*Y, por fin las jóvenes burguesas podrían dejar de ir a Londres para abortar*», puesto que se establecía la despenalización parcial del aborto para las mujeres de todas las clases sociales, a pesar del gran disgusto de la Iglesia y la derecha política tradicional.

Sin embargo, la materialización incuestionable de los cambios, debidos a la política económica de los gobiernos socialistas, llegaría a partir del 86, estimulada por el ingreso de España en la UE, lo cual la llevó a la vía de la modernización y a la liberalización de la moral y las costumbres, en evidente contraste, para quienes habían vivido la dura represión de la dictadura franquista. El crecimiento económico se concretó en una política de inversiones públicas en infraestructuras y en servicios educativos y sanitarios de la Seguridad Social. El derecho a la sanidad gratuita se extendió a toda la población y las pensiones crecieron de forma notable. Todo ello sufragado por un sistema fiscal relativamente progresivo, pero sobre todo mediante el aumento de la deuda pública y los Fondos de Desarrollo[16] de la Unión Europea. (Mediante este hecho, España percibiría más de la mitad de estos fondos, para el período 1994-99, y sería el país de la UE que más dinero

[15] El mapa actual de las 17 autonomías se perfiló entre 1979 y 1983. El 18 de diciembre de 1979, el Congreso aprueba los estatutos de País Vasco y Cataluña; en 1981, los de Galicia, Andalucía, Asturias y Cantabria; en 1982, los de La Rioja, Murcia, Valencia, Aragón, Castilla-La Mancha, Canarias y la ley de Amejoramiento del Fuero de Navarra. Los estatutos de las ciudades autónomas de Ceuta y Melilla se aprobarían en 1995 (el mundo.es).

[16] Fondos destinados al desarrollo económico de la países más pobres de la Unión (España, Grecia, Irlanda y Portugal).

recibió del Fondo de Cohesión y, detrás Francia, de la PAC[17]). La indudable tarea de modernización junto a la de reforma y acercamiento del ejército a la sociedad acabaría con el fantasma, hasta entonces permanente, de un nuevo golpe de estado. Fue por entonces cuando comenzó a considerarse que en España ya se gozaba del Estado de Bienestar.

Pero aún así, el crecimiento económico junto con las políticas liberales del gobierno, trajo consigo un aumento de las diferencias de riqueza entre las clases sociales. La reconversión industrial, el recorte de las pensiones o la flexibilización del mercado de trabajo, junto al intento de una importante reforma en el mercado laboral, abaratando el despido e introduciendo los contratos temporales para los jóvenes trabajadores, provocaron el primer enfrentamiento serio de los sindicatos con la política económica del gobierno socialista. Las continuas reformas de éste en beneficio de la patronal, llevaron a CC.OO. y UGT a la organización de la huelga general del 14 de diciembre de 1988, de seguimiento masivo (8 millones de personas). La paralización del 90% de la población activa durante 24 horas obligó al gobierno retirar la reforma anunciada y a incrementar el gasto social.

No obstante, la inercia del crecimiento alcanzaría a 1992, año de las grandes celebraciones: los Juegos Olímpicos de Barcelona y la Exposición Universal de Sevilla. Acontecimientos, que actuaron como motor de la modernización de las infraestructuras de las dos ciudades y como motivo para revolucionar el transporte ferroviario al unir Madrid y Sevilla mediante el tren de Alta Velocidad (AVE), a lo cual hay que sumar la mejora de las comunicaciones por carretera, con la construcción de autovías que en número creciente atraviesan, en estos años, el territorio español. Todo ello, hizo que España comenzase a sentirse con orgullo dentro del círculo selecto de naciones modernas y desarrolladas capaz de despertar la admiración y provocar el elogio del exterior. Si bien la gestión del control presupuestario de los gobiernos del PSOE no resultaba eficaz, mientras que el número de empleados públicos llegó a contabilizarse en millón y medio de aumento.
Por otra parte, en política exterior, los gobiernos socialistas, aparte de proseguir con la labor de apertura hacia Europa y defender las relaciones con Latinoamérica, desde su antigua oposición a la OTAN, pasando por defender y promover la entrada en la misma con la convocatoria del referéndum en 1985, que ganó al siguiente, se volcó igualmente en mejorar las relaciones con los Estados Unidos, de tal modo, que se prestó a la colaboración de España con las Fuerzas Aliadas en la 1ª Guerra del Golfo, de 1991, contra Iraq, con el envío de tropas (incluyendo a marineros de reemplazo) y la

[17] Política Agrícola Común, cuyos acuerdos conllevan la posibilidad del beneficio de recibir subvenciones a los países asociados.

prestación de apoyo logístico, facilitando el uso de puertos y aeropuertos españoles, de donde despegaron parte de los B52 para sus misiones de bombardeo sobre Iraq.

Pero esta guerra, como otras de años atrás, a conveniencia de los intereses del dominio occidental, vendría también a agudizar la crisis que a principios de los años 90 afectaba a la economía de los países desarrollados. En Japón había estallado la burbuja inmobiliaria, a la que venían a sumarse las tensiones de los precios del petróleo ocasionadas por la guerra disparando la inflación. Cierto que los efectos de la crisis no llegaron repentinamente a España, sino que, por el momento, se quedaron retrasados debido al enorme gasto público invertido en el bienio 1990-92 en preparar los eventos de Sevilla y Barcelona, la ejecución de infraestructura y del AVE, así como la del proyecto Hispasat.[18] Pero en 1993, la economía española ya estaba en crisis profunda y la recesión económica afectó de lleno a España. El desempleo pasaba del 16% al 24 % (a finales de este año el paro alcazaba a más de 3 millones y medio de personas). La caída de los beneficios y de la inversión de las empresas resultaba insólita. La deuda pública rondaba los 30 billones de pesetas; un 68% del Producto Interior Bruto (PIB), con un déficit superior al 7% del mismo para el conjunto de las Administraciones Públicas.

Por lo mismo, desde el primer batacazo de la crisis, no se habían hecho esperar las reacciones políticas del Gobierno socialista. Como tampoco, una vez más, los efectos sociales negativos sobre las clases trabajadoras, populares a causa de las medidas económicas impopulares tomadas por aquel. La pérdida de puestos de trabajo ocasionada por el cierre de empresas, o medidas como el primer «medicamentazo», que eliminaba la financiación pública para 600 fármacos, la congelación salarial en la enseñanza y en la oferta pública de empleo, pero sobre todo debido a la reforma laboral para el Fomento de Empleo y Protección por Desempleo, aprobada por Real Decreto y que contenía disposiciones como la del fomento de los contratos con bajo salario para los jóvenes, del aumento de la movilidad geográfica y sobre recortes de prestaciones por desempleo, llevaron a los sindicatos de CC.OO y UGT a convocar un paro de ocho horas, que se materializó en la huelga general del 27 de enero de 1994, bajo el lema «*Hay que pararlos. Te juegas mucho*».

Aunque la huelga general del 27-E contra la reforma laboral del PSOE, significase un duro golpe para el Gobierno, los socialistas ya venían advertidos de más atrás de que podían perder el apoyo electoral que llegó a otorgarles la mayoría parlamentaria durante cuatro legislaturas seguidas. En las

[18] HISPASAT, operador de satélites espaciales español que ofrece coberturas en América, Europa y Norte de África. El primero de la serie (Hispasat 1A, 1B, 1C, 1D...) fue puesto en órbita en septiembre de 1992.

últimas elecciones generales, celebradas el 6 de junio de 1993, si bien volverían a ganar, el descenso en escaños (-16) obtenidos les llevaría a buscar apoyo parlamentario de la derecha catalana, mientras que la estatal saldría fortalecida de los comicios con un aumento de 34 parlamentarios más. Los conservadores de la derecha española habían logrado reorganizarse, refundando AP en nuevo partido de tintes más liberales, el PP, que se estrenaba en los comicios encabezado por su nuevo líder, José María Aznar.

Y, aún a pesar de que a partir de 1994 el país parecía iniciarse en la recuperación económica —de una recesión del 1,1% del PIB se pasaba a un crecimiento del 2%; la inflación bajaba del 4,9 % al 3,5 entre 1994 y 1996 y la tasa de paro, que en el 94 fue del 24%, en el 96, al final del mandato del PSOE, se situaba en 22% —, sin embargo, la intensa actividad crítica de la oposición basada en la misma complicada situación económica, pero más aún en los continuos escándalos de corrupción sacados a luz, sucesivamente, en los últimos años, minarían de tal modo el prestigio electoral del PSOE que, tras la negativa de apoyo de CiU a aprobar los presupuestos del gobierno socialista, viéndose obligado Felipe González a convocar elecciones anticipadas en 1996, se vería derrotado por primera vez en 13 años ante el empuje del PP, que ganó, por mayoría simple, con ventaja de 15 diputados (156 frente a 141 del PSOE).

En cuanto a las consecuencias de los escándalos de corrupción aludidos, podría apuntarse, ahora aquí, que los casos de corrupción vinieron a refutar rotundamente la pretenciosa jactancia con la cual los socialistas del PSOE se presentaron ante la sociedad española, en los primeros tiempos de la democracia, arrogándose el derecho de ser los herederos directos del patrimonio moral del socialismo español tradicional, proclamándose a sí mismos los auténticos depositarios de «100 años de honradez». Lo mismo que también aconteció que la campaña de desprestigio fue usada por la oposición política contra el PSOE solamente con fines electorales, a pesar de que el PP, prometía, «regeneración democrática» en su inminente mandato, al tiempo que sus portavoces lanzaban sus diatribas contra las prácticas corruptas que alcanzaban, incluso, a los altos representantes del Gobierno. En escándalos de corrupción de los actuales políticos de ambos partidos, después de dos alternancias de mandatos partidarios, no se quedan a la zaga de los antaño. Pero, lo cierto es que aquello fue muy serio, y al parecer aumentando en cualidad negativa, hasta llegar al final: El primero, el «Caso Guerra» (1989), afectó al hermano del Vicepresidente del Gobierno, que tuvo que dimitir. Juan Guerra resultó juzgado por los presuntos delitos de cohecho, fraude fiscal, prevaricación, malversación de fondos y usurpación de funciones. Más tarde, en mayo de 1999, estalló el «Caso Filesa», mediante el que acusan al PSOE de financiación irregular, a través de las empresas Filesa, Malesa y Time Export, entre 1988 y 1990, en base a la falsa prestación de servicios. Otro más, el «Caso AVE», también por financiación irregular del PSOE a través del cobro de comisiones ilegales en la adjudicación del tren de Alta Velocidad Madrid-Sevilla. El de la «EXPO'92», sobre presuntos delitos de malversación, falsedad y apropiación indebida, porque el Tribunal de Cuentas detecta diferencias entre las pérdidas (35.000 millones de ptas.) y la declaración de ganancias (18.000 millones). O el del famoso «Caso Roldán», por el que se supo que el ex-director general de la Guardia Civil, Luis Roldán, sin apenas hacer nada por la patria, había amasado un enorme patrimonio, fruto de sus quehaceres irregulares, como director del Instituto Armado. Y por último (sin que ello quiera decir que los casos se hayan limitado a estos), el que bien pudiera destacarse como más sobresaliente: El «Caso de los Fondos Reservados» en el cual resultó involucrada, nada menos, que toda una cúpula del Ministerio del Interior. Dos ex-ministros de Interior, el ex-director general de la Seguridad del Estado, y el ex-secretario de Estado para la Seguridad, entre otros, serían juzgados, más tarde por el presunto uso irregular de los fondos reservados, que el Gobierno destinaba a la lucha antiterrorista y contra el narcotráfico. Todos ellos serían acusados, más tarde, de un delito de malversación de caudales públicos. Durante el juicio quedó probado que el dinero sustraído (unos 5 millones de euros) había sido utilizado para uso privado, pago de sobresueldos y gratificaciones a funcionarios y altos cargos de Interior y, en algunos casos, en enriquecimiento personal. Y a todo esto, sin dejar de lado lo que es mucho más serio, si hemos de tener en cuenta que los socialistas siempre han alardeado con orgullo de ser sumamente partidarios del Estado de Derecho, otro caso destapado en este tiempo fue «Caso del Terrorismo de Estado» o del GAL. Relacionado también con el anterior: Grupos de hombres adiestrados, los Grupos Antiterroristas de Liberación o GAL que, al amparo del Estado, actuaron como fuerzas armadas parapoliciales practicando lo que se fue denominado «guerra sucia» contra el grupo terrorista ETA y su entorno. «*Estuvieron activos entre 1983 y 1987, durante el gobierno del Partido Socialista Obrero Español de Felipe González. Durante el proceso judicial habido contra esta organización fue probado que estuvo financiada por altos funcionarios del Ministerio del Interior*».

Con respecto a lo anterior, ahora que ha pasado el tiempo, y estableciendo paralelismos entre la mitología y la realidad democrática española, se me ocurre que el PSOE fue creado por los dioses del sistema dominante para hacer el oficio de Pandora, la cual al abrir su caja extendió todos los males por el mundo. La Caja de Pandora bien podría titularse, la Corrupción del PSOE. No quiero decir con esto que la democracia sea ningún aval de inocencia, sino que ésta, realmente, no lo es. Un ilustrado olvidado lo había dicho hace tiempo: «*Y una nueva pasión, la emoción de corromperse, irrumpe con ímpetu irresistible en el escenario público y en las tramoyas privadas que lo sostienen. Pues antes que económica la corrupción ha sido ideológica. Cuando ha dejado de creer en todo lo que es digno de crédito, la pasión por lo tangible y lo inmediato se apodera de la conciencia y otorga realismo a la falta de carácter moral*». En fin, de acuerdo con el autor de esta cita,[19] la democracia no es ningún sustitutivo de una perversión por otra.

Pero no hemos terminado, porque aún nos queda un período de esta etapa. Retomemos el hilo, aunque nuestra intención, de principio, sea la de no pararnos tanto en este tiempo político. Y no por que no tenga importancia, como el otro, sino porque, aún reduciéndolo al mínimo, la esencia del argumento que se quiere reflejar con esta historia quedaría igual de clara. Y es que, a estas alturas, el que escribe es quien no quiere que la historia y el final de la misma resulten interminables.

B) EL HITO CONSERVADOR

Tampoco el PP, en su función de relevo en el poder de Gobierno al partido socialista, había conseguido la mayoría parlamentaria absoluta. Pero el PP sí obtuvo, de principio, el apoyo de los partidos autonómicos nacionalistas de derechas, CIU (con sus 16 diputados), PNV (con 5) y COALICIÓN CANARIA (con 4), de este modo el líder del PP, José María Aznar, resultaría investido presidente con los votos de 181 diputados, mayoritarios sobre la media de los 175 necesarios.

Los objetivos del gobierno del PP consistían en liberalizar al máximo la economía, reducir el déficit público y llegar al máximo cumplimiento de las condiciones impuestas por los europeos en el Tratado de Maastricht, para lograr que a España también se le permitiese adoptar el Euro como moneda europea propia. Así es que las medidas de política económica del PP se orientaron fundamentalmente a la contención del gasto público, para lo cual se congelaron los salarios en las Administraciones Públicas; se frenó el aumento de los presupuestos dejándolo por debajo del nivel de crecimien-

[19] Me refiero al acuerdo, genérico, con el contenido del artículo del cual proviene la cita. Léase en «Pasión por corromperse» de PASIONES DE SERVIDUMBRE. (Antonio García Trevijano, 2000; Foca ediciones.) Aunque deberé advertir que, en general, no comparto la misma filosofía que la del autor citado.

to de la economía; en continuidad con las medidas ya iniciadas en el 96, se liberalizaron los precios y las actividades profesionales, sometiéndolas a las leyes del albur de la libre competencia, asimismo para las telecomunicaciones (televisión por cable y telefonía móvil); se privatizaron —es decir que se vendieron, pasándolas a manos privadas— muchas empresas públicas, como Argentaria, Enagás, Repsol, Endesa y Telefónica, las cuales, evidentemente, debían generar y generan todavía, lógicamente, cuantiosos beneficios. Más tarde se irían privatizando progresivamente Aceralia, Tabacalera y finalmente Iberia o Santa Bárbara[20], empresas que todavía eran totalmente públicas, y de las que se había ido «*reduciendo la participación bursátil del Estado en la capitalización del mercado español del 10,87% en 1996 al 0,52% en 2004*».

En 1999 el gobierno del PP, rebajó el Impuesto sobre la Renta en una media del 13,7%, con lo que 5 millones de contribuyentes dejaron de presentar la declaración de la renta; hechos, con el de las privatizaciones, que merecieron las críticas de la oposición política. Pero si los objetivos impuestos por las condiciones europeas del Tratado de Maastricht eran los de situarse en una inflación menor del 2,7%, llegar a fijar en menos del 7% el interés a largo plazo, el déficit de las Administraciones Públicas en menos del 3% y la Deuda Pública en menos del 60%, el gobierno del PP había logrado cumplir todos los requisitos e ingresaba en el grupo de países del Euro en diciembre de 1997, por lo que participaría en su nacimiento en 1999[21]. Y en definitiva, la política económica del PP fue considerada un éxito. La actividad se había reactivado de manera notable, descendió el paro (del 21,6%, a finales del 95 al 13,45% en el 2000), el saneamiento de la economía hizo que el déficit de las Administraciones Públicas se redujese del 6,6% en 1996 al 1% del P.I.B en 2000 y que la tasa anual del crecimiento del Producto Interior Bruto fuese del 4,2% en 1997-1999 y del 4,1% en 1999-2000.

En otro orden de cosas, en esta legislatura del PP, y en cumplimiento de lo pactado con CIU, se promulgó la Ley por la que se suprimiría el servicio militar obligatorio a partir del 31 de diciembre del año 2000, plazo que más tarde fue adelantado por Real Decreto, al mismo día y mes del 2001. Podría resultar curioso que fuese la derecha conservadora la encargada de ejecutar la abolición, cuando la izquierda no lo hizo, bajo el pretexto de que

[20] Santa Bárbara, dentro del Grupo Europeo de Sistemas Terrestres de General Dynamics, fabricantes y suministradores de armas (vehículos especiales y anfibios, sistemas de armas, municiones y misiles, e Investigación y Desarrollo).

[21] Aunque el período 1999-2002 corresponde a la fase de entrada en vigor del euro, sólo de modo escriturado; su puesta en circulación, como moneda de curso legal, comienza en enero de 2002.

un ejército profesional podría resultar un ejército de «*mercenarios*», o una especie de «*guardia pretoriana*» y que estaría compuesto mayoritariamente por personas procedentes de estratos sociales humildes. Y lo es actualmente, por lo que parece. Pero también es cierto que el mismo uso le dan unos gobiernos que los otros.

Aunque en el ámbito de lo interior, quizás, de las actuaciones del gobierno PP que más merecerían destacarse —y lo merecen, a mi entender, mucho más, si nos fijásemos en lo que pueda tener de relativo, con respecto al presidente Aznar, en la medida en que sus motivaciones pudiesen haber influido en las acciones— deberían ser las correspondientes al tratamiento de la lucha empecinada contra el terrorismo de ETA y su entorno, para lo que llegó a contar con el apoyo del PSOE. Así, en febrero de 1997, el juez Baltasar Garzón mandó detener por primera vez a 23 miembros, toda la dirección de la Mesa Nacional de Batasuna por colaboración con banda armada. En el verano del 97 ETA, después de haber causado 10 víctimas mortales en este mismo año, había asesinado al concejal del PP en el ayuntamiento vasco de Ermua, Miguel Ángel Blanco. El amplio rechazo a la acción terrorista y la labor de los colectivos vascos enfrentados a la violencia estimularon una importante reacción popular que vino a denominarse el «espíritu de Ermua». En julio de 1998, el juez Garzón ordenó el cierre cautelar del diario EGIN, así como el arresto de varios responsables de «Orain, S.A.», a los que acusaba de integración en banda armada. Por su parte, las fuerzas nacionalistas vascas de todos los partidos, desde el PNV a ETA, así como los distintos sindicatos y asociaciones de Euskadi, el 12 de septiembre de 1998, firmaron el llamado Pacto de Estella o Acuerdos de Lizarra, por los cuales pactaban el cese del terrorismo con el acuerdo de avanzar hacia la independencia. En consecuencia, días después, ETA anunció una tregua indefinida y sin condiciones, tregua que, a pesar del anuncio del fin de la misma por parte de ETA en noviembre de 1999, ésta no rompió hasta el 21 de enero del 2000, causando la primera víctima mortal. En este mismo año elevaría el número victimas a 18. La conclusión posterior de la política antiterrorista fue la de que ETA había utilizado la tregua como «trampa» para rearmarse y que le sirvió para introducir cinco comandos en España y llegar a asesinar hasta 42 personas tras la vuelta a los atentados, antes de la siguiente tregua en marzo de 2006.

Sin embargo, de las realizaciones del PP, lo realmente inesperado en esta legislatura fueron las muestras de su disposición hacia la búsqueda del consenso social. Bien porque se viese obligado a buscar apoyos sociales y políticos por su escasa mayoría parlamentaria pero, sobre todo porque, políticamente, en el PP se sintieron obligados a demostrar a los ciudadanos que los temores a los recortes sociales por parte de la derecha, si llegaba a gobernar —cosa que en campaña electoral los socialistas habían procurado reforzar sobre los recelos del pueblo— eran totalmente infundados. Después de la experiencia del PSOE, aspiraban a mucho más que a ocupar el Gobierno por una sola legislatura. Así que, ya de entrada, con el acuerdo sobre las pensiones en 1996, lograba garantizar el poder adquisitivo de las mismas, como con el acuerdo laboral, en 1997, se procuraba la limitación de los excesos en la contratación temporal, incentivando un contrato indefinido, en beneficio de los trabajadores y flexible para los empresarios. Las imágenes televisivas mostraban que, incluso el líder de CC.OO. había encontrado un interlocutor cómodo o amable en el Presidente Aznar. «*El 28 de abril las patronales* CEOE *y* CEPYME *y los sindicatos* UGT *y* CC.OO *firman el "Acuerdo para la Estabilidad del Empleo y la Negociación Colectiva", que tendrá una vigencia de cuatro años.*»

La seguridad de poseer estos triunfos en la mano, contando con el desconcierto que se daba en las filas del PSOE, sumidas en sus contradicciones internas, a causa de los desmanes cometidos por sus dirigentes en los gobiernos anteriores, y ante un pueblo que tenía la sensación de que la denostada derecha del pasado había resurgido de sus tinieblas, sin que los efectos de los temores al riesgo, por su gobierno, se hubiesen realizado, sino la capacidad sobrada de la insólita solvencia, demostradas, dieron como resultado que las elecciones convocadas en el año 2000 proporcionaron al PP la mayoría parlamentaria absoluta. 183 diputados, frente a 125 del PSOE, los cuales significaron una marca inestimable de la ambición política del PP y sobre todo, quizás, la medida imponderable de las motivaciones que, a partir de este hecho influirán, aparte de la razón, en las actuaciones políticas de su presidente Aznar. Pero es 'quizás', porque el fenómeno del cambio en sus actitudes políticas, sin obviar lo personal, también podría comprobarse teniendo en cuenta los nuevos aires de orgullo inconmensurable y cerrado impresos en su semblante al momento de actuar.

Aunque, lo mismo, habrá que tener en cuenta que a pesar de la mayoría absoluta y de la apariencias de su buena gestión económica, también en esta segunda legislatura, ni el PP ni su líder se podrán sentir tan favorecidos como en la etapa anterior, tanto por la oportunidad de los diferentes temas polémicos y acontecimientos que se hubieron sucedido ante el Gobierno, como por las consecuencias de las actuaciones y decisiones políticas que adoptaron para enfrentarlos. Además, esta legislatura ya no se desenvolvería frente a la oposición de un PSOE desorientado, sino que los socialistas, tras su reciente renovación, si bien en fase de consolidación del nuevo líder, y aunque éste se hubiese presentado a sí mismo ante el Gobierno como oposición leal, tendrían que volver a reafirmarse a sí mismos y ante sus electores como la única alternativa democrática capaz de hacer frente a la derecha, puesto que el PSOE seguiría siendo la única izquierda de peso visible en el Parlamento estatal.

En materia económica, quizás, lo más destacable de las influencias políticas derivadas de los acontecimientos, sea lo de las primeras consecuencias de la implantación del euro y las de la puesta en circulación del mismo como moneda de uso. Por las primeras, en el 2001 cambian las normas para deducir los índices de paro (pues varían los criterios sobre las condiciones para reconocer o no el hecho de ser un parado) e igualmente pasa con el índice de inflación, con lo que, basándose en ello, intenta explicarse que los datos reflejen pérdidas en poder adquisitivo de las pensiones y del salario mínimo y de muchas otras percepciones sujetas al baremo. Pero, realmente, la puesta en circulación de la nueva moneda provocó un aumento de la inflación, especialmente para las capas de rentas medias y bajas, muy superior a los registrados por los índices de inflación oficiales publicados por los estados miembros. La percepción de esta realidad quiso atribuirse, meramente, a causas de apreciación de carácter psicosocial, pero el aumento de los precios comenzó a percibirse realmente poco después de la desaparición del periodo de doble circulación del euro con las monedas nacionales, y perdura hasta nuestros días. Existe la percepción de que en los consumos básicos de los productos con un coste de entre 1 y 10 euros, los precios establecidos después de la entrada en circulación del euro subieron hasta alcanzar el nivel de 100 pesetas = 1 Euro, lo que supone algo más de un 66% de inflación. Como existe la opinión «*de que los índices macroeconómicos son sistemáticamente manipulados por los gobiernos con el fin de no perder popularidad, y esto podría facilitar la aparición de ciclos políticos de presupuesto en el área euro, o hacer que la población acepte medidas que de conocer su alcance con absoluta transparencia serían impopulares. Y puede ser así, puesto que la actualización de los salarios se realiza en base al* IPC, *que, según los opinantes, está manipulado para dar una cifra inferior a la real, el resultado fue una transferencia neta entre los estratos más pobres hacia los más ricos, por lo cual se especula que se permitió que el efecto tuviera lugar, o al menos se trata de encubrir mediante presiones a los medios de comunicación para que no se discuta el tema, o se desacredite a quien lo haga*»[22]. Y se añade que, según el analista financiero Jim Puplava, por parte de todos los gobiernos se realiza intencionadamente una «*manipulación estadística con el objetivo controlar el déficit gubernamental y crear una ilusión diseñada para calmar a los mercados y distraerlos de una realidad donde la inflación crece*». De los datos económicos correspondientes a los dos primeros años de la legislatura se deduce que la tasa de crecimiento económico se man-

[22] Tomado de Wikipedia.

tenía en más de un 3% en términos reales de la economía española, que el déficit público se redujo hasta el 0,3% por 100, pero la inflación, ya en 2001, se había disparado hasta el 4 %, la tasa más alta desde 1996, y, no obstante, lo más destacable de todo fue que la tasa de paro bajó hasta el 13,6 por 100, y que el empleo había aumentado en 600.000 puestos de trabajo.

Pero en la realidad, en todos estos años y en los siguientes, las rentas destinadas a la compra y adquisición de la vivienda experimentaron subidas continuadas, y los carburantes se vieron sometidos al alza superior 4% anual. Seis años después de la introducción del euro, la subida de los alimentos básicos alcanzaba el 100%, mientras los precios de hostelería y ocio superaban en mucho esta equivalencia. Sólo de los precios de los artículos relacionados con la electrónica y la automoción se puede decir que hayan permanecido estables. No obstante, los períodos de los gobiernos de Aznar fueron considerados popularmente en mucha mayor estima que los anteriores, hasta el punto de que estos años del PP —e incluso los siguientes, correspondientes, de nuevo, a un gobierno socialista, el de Rodríguez Zapatero— serían calificados como los tiempos en que se dio otro «milagro económico». Éste a manos del buen hacer del PP.

Sin embargo, para observaciones más críticas y realistas, el milagro no fue tal, ni obra del buen hacer, sino fruto de perversidad y debido, tanto en cuanto, a factores condicionantes favorables como a medidas económicas nefastas, cuya clara conclusión se vería más adelante. Pues, ya durante los años del gobierno del PP, los fondos llegados de la UE se aproximaron a los 50.000 millones de euros (más del 1 del PIB anual), mientras que los ingresos por privatizaciones de empresas públicas en la dos legislaturas sobrepasaron los 33.500. Desde el 96 al 2000 la tasa de crecimiento (superior al 3%) partía de la anterior, en 1996 (del 2%), ya en alza y en coincidencia con la de bonanza económica internacional y la de la situación Europea también en alza.

De la reducción del PP sobre la Deuda Pública, *«lo que no se dice es que ésta vino acompañada de privatizaciones, de un aumento en la presión fiscal a las rentas más bajas y de reducciones en el gasto social»*.[23] Algunos datos: Las reducciones fiscales, del 56% al 45%, significaron la rebaja de la presión en 11 puntos, para las grandes fortunas y la tributación de las plusvalías se redujo del 45% al 15% (el 1% de las rentas más altas obtuvieron rebajas del 20%, mientras que las menores de 8000 €/año no obtuvieron ventaja alguna); con el PP el recorte social bajó del 27% del PIB, de la última legislatura del PSOE, al 19% en la de aquél (-8%), pero los impuestos subieron un 2% para las rentas

[23] De La mentira del crecimiento económico del PP. zonaforo.meristation.com, al igual que la información contenida en este párrafo y en el anterior. Y a cuyo autor siento no poder citar, porque le desconozco, pero cuya opinión comparto, evidentemente.

bajas y bajaron un 6% para las altas, mientras el gasto en educación pasaba del 5,5% al 4,4% del PIB (-9,1%, desfavorable a las rentas bajas con respecto a las altas).

En cuanto a la bajada de la tasa de paro con los gobiernos del PP, no convendría olvidar el aumento en hinchazón del negocio inmobiliario, propagado, también, a la primera legislatura del PSOE, renovado en Zapatero y del mismo modo motivada (en la hinchazón) por la entrada en la UE, por el euro, en ambos casos. La oferta de euros procuró la bajada en los tipos de interés en siete puntos por debajo de la inflación, lo cual estimuló el consumo y la demanda de los créditos ofertados para hipotecas y éstas a la construcción y, por tanto al negocio inmobiliario. La demanda, viéndose favorecida, elevó la fiebre constructora y al igual las ansias de beneficios de los grandes constructores. Se fortalecían, asimismo, la industria, el comercio y el transporte relacionados con ello. Todo lo cual, con la facilidad de los créditos, empujó a los españoles hacia el riesgo de afrontar otros pequeños negocios, sobre todo a los relacionados con el otro gran filón de la economía española, el turismo, mientras el consumismo aumentaba desmesuradamente. Y, en definitiva, en tanto que subían los precios de las viviendas y también en coste las hipotecas, los beneficios de la banca se multiplicaban y más dinero llegaba también de Europa, sobre todo de Alemania, para avalar las ganancias y asegurarse las suyas reduplicadas. Estas son algunas cifras: Y, por supuesto, que el crecimiento de la construcción absorbió una gran cantidad de mano de obra, lo mismo que atrajo a España junto con el crecimiento en otras actividades, a unos dos millones de inmigrantes en busca de trabajo y mejor fortuna, que muchos de ellos encontraron, en tanto cundió el negocio, pero otros muchos no, porque en realidad, este «milagro económico» muy en concreto, sólo fue para unos pocos. He aquí algunas cifras: En sólo cuatro años el precio medio de la vivienda subió de 62.500 euros a 80.500 (un 28,8%), las hipotecas de 47.500 euros pasaron a 69.500 (el 45,26%) y el esfuerzo (relación precio/salario) para adquirir una vivienda que en 1996 significaba 4,1 años, en el 2000 pasó a ser de 4,9 años. Y esta fue, al parecer, la economía milagro: Todo un círculo cerrado en el cual el dinero era a un tiempo la ganancia y objeto de mercancía. Es decir la economía ficticia como base de un señuelo, confundiendo lo real.

Y, ya para terminar, por no dejar al gobierno del PP limitado tan sólo a la economía, tocaremos, de pasada, pero en orden cronológico, lo que ocurrió en otros campos, tanto por lo que afectase en este mismo período como por el significado.

Primeramente, antes de seguir en ello, cabe decir que poco antes y poco después de haber entrado en la UE, ya se hacían conjeturas y se tomaban medidas sobre lo que Europa dispusiese que fuese nuestro destino; aunque tímidas algunas y otras no tanto, como la primera reconversión industrial y las privatizaciones de empresas, otras quedarían en previsión para el corto o largo plazo. Pero pronto, ya en esta legislatura, comenzó la UE a establecer normas comunitarias en materias de derechos sociales, ambientales o de protección a la naturaleza, sobre empresas, el comercio y política agraria y pesca. Y lo mismo, para ello, comenzaba a poner en marcha institucionalmente, por medio del Parlamento Europeo, el Consejo de Ministros Europeo o la Comisión Europea. Poco a poco, en adelante, ya muy pocas competencias estatales de las naciones podrían quedar exentas de pasar por el tamiz europeo o librarse, en todo caso, de no ser intervenidas de algún modo. E igualmente, los gobiernos, y muchas autoridades administrativas, en el intento de velar sus responsabilidades, comenzarían a excusar sus decisiones políticas con una manida frase, diciendo: «*Es que nos lo manda Europa*» Y Europa aún sigue mandando.

Pero, volviendo a lo nuestro, en cuanto a la cuestión antiterrorista, en el 2000 (con 18 muertos después de rota la tregua), la política del PP se vería reforzada por la recién estrenada política de la oposición leal del PSOE de Rodríguez Zapatero, quien tras proponer un pacto de unidad con los populares en materia antiterrorista, «*Pacto por las libertades y contra el terrorismo*» al principio contestado, acabaron por firmarlo en diciembre de aquel año, aunque sin el respaldo del resto de los partidos. Pero ya más adelante, sin que hubiesen cesado los atentados (14 muertos en 2001), en abril del 2002, con los informes favorables del CGPJ y del Consejo de Estado, el gobierno remitía al Parlamento, el proyecto de Ley Orgánica de Partidos Políticos, la cual sería aprobada en junio, además de por los dos grandes, por CIU, CC y el Partido Andalucista (304 votos), incluso, el propio Llamazares de IU —aunque se dice que erróneamente o tal vez, traicionado por el subconsciente— votó a favor. Y, sin que hubiese abstenciones, votaron en contra el PNV, EA, ERC, ICV Y CHA (16 votos). Fundamentalmente, se trataba de establecer una vía judicial de ilegalización para aquellos partidos que prestasen «*un apoyo político real y efectivo a la violencia o al terrorismo*». En Marzo de 2003, el Tribunal Supremo sentenciaba la ilegalización de HB y EH y Batasuna, señalando que la disolución de esta fuerza pro-etarra era «*una medida necesaria para una sociedad democrática*». La presión de las medidas policiales y políticas de la lucha antiterrorista logró reducir los atentados progresivamente (4 en 2002 y 1 en 2003) hasta llegar a ninguno, en 2004 y 2005. El PP consideraba que, por fin, en esta legislatura se había logrado debilitar en extremo a «*la banda terrorista*».

En otros temas, en cambio, la política del PP ya comenzó a contar con la oposición del PSOE. Progresivamente, Zapatero fue cambiando su discurso, adoptando un tono más polemista, en todos los terrenos, según avanzaba el tiempo. Así que las medidas más destacables de PP, no dejaron de tener una oposición tenaz, tanto fue así, que algunas de las leyes aprobadas en esta legislatura, llegarían a ser derogadas en la siguiente por el mismo Zapatero. El PP, con el apoyo de CIU Y CC, había logrado aprobar la «Ley de Extranjería», cuyo anteproyecto de la norma había sido reprobado por 14 miembros de los 20 del CGPJ, pero, defendida por el Gobierno con el argumento de que garantizaba los derechos y libertades de los inmigrantes adecuándose a la normativa y a la práctica de la UE, salió adelante y pudo ser aplicada. Pero no la misma suerte tuvieron con «El Plan Hidrológico Nacional» (Ley 10/2001) que, con la intención de llevar agua del Ebro a Valencia y a Murcia y a pesar las protestas y acusaciones de especulación de aragoneses, catalanes y diversas plataformas ecologistas, fue aprobado por decreto ley del Gobierno pero invalidado por el PSOE, tan pronto como recuperó el poder. Y otro tanto ocurrió con la famosa, también conocida por sus siglas, L.O.C.E., «Ley Orgánica de Calidad de la Educación» (10/2002), mediante la cual el PP pretendía recuperar la «autoridad», «disciplina» y «hábitos de estudio» como valores pedagógicos esenciales, para superar el fracaso escolar producido por la anterior LOGSE socialista; lógicamente fue derogada más tarde por la «Ley Orgánica de Educación de España» (2/2006) por el gobierno socialista de Zapatero.

Aunque lo más eficaz, la oposición contumaz que finalmente frenaría y pararía la carrera del PP y a su presidente Aznar se la encontró en la calle. Aunque, si bien, para el fin de esta carrera, los populares ya habían cambiado el caballo y fue Rajoy y no Aznar quien sufrió las consecuencias de no llegar a la meta. Una primera frenada seria, y quizás inesperada para el PP, debido al entendimiento que hasta aquí había reinado, fue aquella que le brindaron Comisiones Obreras y UGT, las cuales saliendo de su letargo anterior, plantaron cara al Gobierno y al Presidente Aznar y en saliendo con sus huestes a la calle, masivamente, hicieron realidad «La huelga General del 20 de Junio de 2002». Aznar ya tenía su huelga, como Felipe y la UGT su «*expresión del contundente rechazo de los trabajadores y trabajadoras de este país a las intenciones del Gobierno, inequívocamente dirigidas a la supresión de los derechos laborales y al recorte de las prestaciones por desempleo*». Cosa que era verdad, porque hasta el mismo presidente, desde su torvo semblante, que ya se empeñaba en mostrar demasiado a menudo, llegó a pasarse de madre, al afirmar que las personas en paro eran las culpables de su paro. Quizás por esto el Gobierno recurrió al «decretazo», como medida de urgencia al rechazo sindical. No obstante, realizada la huelga, tuvo que volverse atrás en los aspectos más duros, renegociando la ley con los sindicatos.

Y aún no había pasado el eco de la batalla sindical, ya se anunciaba el invierno, cuando, de pronto (13-11- 2002), surgió una imponente amenaza ante las costas gallegas. Un buque, cuasi pirata, con sus tanques a rebosar de fuel-oíl (77.000 Tm.) y con una grave avería en su casco, a causa del temporal y a riesgo de naufragar, —y así fue que sucedió, como todos esperaban— al hundirse (19 de Nov.), en aguas cercanas a Finisterre —porque le fue denegado a su capitán, por las autoridades españolas, acceder a ningún puerto, que no había disponible ni apto para tal evento— irremediablemente, la carga produjo la inmensa marea negra, del petróleo del «Prestige», sobre las aguas y el litoral gallego. «*El mayor desastre ecológico de España y el tercer accidente más caro de la humanidad, sólo por detrás de la desintegración del Columbia y el accidente nuclear de Chernobyl. La limpieza y sellado —ya una vez que estaba hundido— costó 12.000 millones de dólares*».[24]

Contra los supuestos de mala gestión del Gobierno, de torpeza y de desidia de las autoridades marítimas competentes y de desatención política al caso, en primera instancia, como no era de esperar por parte de los presidentes autonómico y del Gobierno central, Galicia se convirtió en un hervidero de protestas y por las calles de algunas de sus ciudades transitaron nutridas manifestaciones encabezadas por la plataforma «*Nunca Mais*» y responsabilizando al Gobierno de tergiversar y ocultar información. Esta misma Plataforma organizaría más tarde, otra gran manifestación en Madrid (23/02/03), a la cual se esperaba que acudiesen unos 200.000 gallegos en 1.200 autobuses fletados por «*Nunca Mais*». La manifestación resultó un éxito multitudinario. Y así describe La Haine un momento de la misma: «*La actitud del bloque anarco-sindicalista es festiva y a la vez combativa, con gritos en galego de "el pueblo organizado funciona sin estado" y "el pueblo unido funciona sin partidos". Mientras tanto, figuras del oportunismo político como Zapatero, Beiras, Méndez y Fidalgo sonríen a las cámaras de los numerosos periodistas que cubren la movilización*».

Sin embargo, al PP y a su presidente Aznar todavía les faltaba por presenciar la más popular, más firme y al final, más formidable de todas las manifestaciones habidas en contra de su Gobierno, aunque esta vez, provocada tanto por la torpeza, del uno (quizás como producto de las ambiciones políticas malevolentes del mandatario), como también por la falta de criterio y sumisión hacia el jefe, de los otros. El caso es que el remedio a semejante despropósito gubernativo, no se dio en el Parlamento, sino que la única oposición inteligente que pudo oírse, hubo de darse en las calles, y casi espontáneamente, como casi siempre ocurrirá en casos fundamentales esenciales y básicos para el pueblo, y sobre todo en aquellos que sean de-

[24] De la enciclopedia libre Wikipedia (07-07-11).

terminantes para el destino del mismo. ¿Qué fantasmas bullirían en la Cabeza de Aznar, como para ser capaces de empujarle hacia el horror de querer precipitar a su pueblo hacia una guerra segura, creyéndose que éste era un aliado a la altura del gigante más prominente del mundo que deseaba ejecutarla? ¿O no sería qué, acaso nuestro hombre, después de soñar grandezas, ya no estaba en sus cabales? Tal vez, fuese éste el temor del pueblo, pues de la A a la Z, no dudó en movilizarse para decirle que no. Y así se dijo en la calle: «¡NO A LA GUERRA!». La decisión que tomó un sólo hombre, para avalarse a sí mismo ante el gigante, fue un tropezón tan grave para el PP, que, aunque no se resintiese en el momento de darlo, se caería más tarde y perdería con ello el poder de proseguir impenitente en su opción de ser gigante como el que más.

Aunque, en realidad, España ya estaba en guerra —pues ya participaba en la de Afganistán desde el momento en que se había integrado en las Fuerzas Internacionales de Asistencia para la Seguridad (ISAF), patrocinadas por el Consejo de Seguridad de Naciones Unidas a finales de diciembre de 2001 y cuyo control asumiría la OTAN en 2003— el presidente Aznar, siguiendo las consignas de los EE.UU., con el pretexto de que Saddam Hussein posee armas de destrucción masiva, proclama su decisión inquebrantable de apoyar los planes de Bush para la invasión de Iraq y lo cual extiende al Gobierno. La ciudadanía de toda España que, ya venía manifestándose insistentemente en todo el territorio nacional, contra la guerra, como también sucedía en otras partes del mundo, realiza entonces una gran manifestación multitudinaria en Madrid el 15 febrero de 2003, coincidente con la del día de la «*mayor movilización del mundo en la Historia*». Pues, a pesar de esto y de tener a todos los demás partidos políticos en su contra, el gobierno de Aznar dispuso el envío de tropas a Iraq. Cómo no, si además el Partido Popular gozaba de la mayoría absoluta en el Parlamento. Y aún más —aunque esto entre nosotros— ¿qué hipotéticos principios filosóficos podrían justificarnos para medir nuestras fuerzas en alianza con otra en territorios lejanos? Sólo citaremos tres, para no alargarnos:

1. «*Aquellos que nos garantizan la integración y participación en la gran alianza imperialista, de signo unipolar en el mundo.*
2. *Los que nos proporcionan el máximo beneficio, como garantía de nuestro bienestar económico, por medio del desarrollo progresivo dentro del sistema capitalista actual, bajo la órbita protectora de los* EE.UU.
3. *Aquellos que actualmente (nos) procuran alcanzar y defender la seguridad mundial, —al igual que los nuestros, que no hacen ascos a pactos, en lo nacional— mediante la lucha antiterrorista*».

«*Porque en esto estamos. En el desarrollo de todo un programa de principios.*

Ya somos, con Santiago por patrono, una razón de destino en lo universal. Anteriormente, a los partidarios más acérrimos del sistema les faltaba el hombre para afrontarlo en el partido adecuado. Pero, con la ayuda de Dios y de los hombres, ya lo tienen. También con el adecuado había acertado el Poder, anteriormente, y con él nos fuimos a la OTAN».[25]

Ante estas razones de principios, las que expuso Zapatero para oponerse a la guerra nos parecerían ridículas, ya que éste se había opuesto en el Parlamento y no tan sólo en la calle acompañando al cortejo, aunque no esgrimiendo el argumento de que aquella era una guerra para exterminio de un pueblo y arrebatarle el petróleo, como lo era y lo es y, no contra un supuesto tirano, sino que lo que el líder del PSOE expuso, como la razón mas sabia que se le pudo ocurrir, fue que aquella era una guerra ilegal, que no estaba autorizada por la ONU. Eso dijo. Pero el pueblo, más tarde, le votaría, en el 2004. Y Zapatero cumplió: retiró a los soldados de IRAQ, aunque por no quedar mal, tampoco con el gigante, un poco más adelante los envió de refuerzo a Afganistán; que no era tanta guerra, o al menos, era legal.

No obstante, estamos con el PP, al cual, apenas un poco más adelante en el tiempo, el 26 de mayo de 2003, le surgió otro accidente, el del YAK-42. En Trebisonda, Turquía, se estrelló este avión con 62 militares a bordo que volvían de Afganistán después de haber sido relevados. Todos ellos perecieron. Ante las críticas de la oposición y de los familiares de las víctimas, el gobierno reaccionaba contestando que *«durante su mandato se había invertido más en infraestructuras que en cualquier periodo precedente y consideraba el accidente de Turquía un accidente sin responsabilidades políticas, ya que la organización del vuelo correspondía a la OTAN y no al Gobierno español».*[26]

Y sin embargo, aún así, la diosa de la Fortuna no le mostraría al PP su última carta, a jugar en la partida, hasta llegar al final. Pero este final llegó: Tres días antes de celebrarse los comicios del 2004, a diputados del Parlamento, con Rajoy a la cabeza del PP, como sucesor de Aznar y contando ya con ganar las elecciones, sucedió el 11-M (11 de marzo de 2004). Un atentado terrorista en cuatro trenes de la red de Cercanías de Madrid causaba 191 muertos y 1.858 heridos. Desde un primer momento, el atentado fue atribuido a ETA, lo cual no disgustaría —por el hecho de la autoría, se entiende— al PP electoralmente. Pero al tiempo que millones de personas se manifestaban en silencioso duelo por las calles de las ciudades de España y aún más, poco después, el juicio general sobre la autoría fue cambiando progresivamente a consecuencia de la divulgación sobre las primeras inves-

[25] Del libro, inédito, "La verdad virtual", del autor.

[26] Wikipedia.

tigaciones policiales. Los partidos de la oposición, y aunque el PP aún insistía en el supuesto de la autoría de ETA, comenzaron a dar como probable la autoría islamista. Se difundieron, con ésta, las noticias policiales de los indicios aparecidos que avalaban la hipótesis. Y, a pesar de que el PP intentó transmitir, interior y exteriormente, su convencimiento sobre la autoría de ETA, muchísimos ciudadanos consideraron que el Gobierno mentía. Lo más convincente para ellos fue que se había tratado de un ataque de Al-Qaeda, en represalia por intervención de España en la guerra Iraq. La porfía política se prolongó, incluso, durante la jornada de reflexión del 13 de marzo. Y al día siguiente se produjo la derrota electoral del PP, la cual le daría 35 escaños menos en el Parlamento y otros 25 en el Senado, perdiendo así ambas mayorías. Y, de nuevo, en alternancia, el PSOE tendría el poder de gobierno y Rodríguez Zapatero obtendría su presidencia.

Hasta aquí hemos llegado, pero no será el final. Nos falta la conclusión y ahora vamos a por ella. Antes, y en primer lugar, debo advertir, para que quede constancia, que según pienso, en la etapa considerada también cabe Zapatero con su primera legislatura. Y si bien, también haremos parte de ella, sí vamos a mencionarla, aunque, decididamente aquí, seguro, y no porque no haya tela, lo haremos más de pasada.

C) LA SÍNTESIS DE ZAPATERO.

Hay quien piensa, y así está escrito, que la nueva llegada del socialismo al Gobierno, con Zapatero, significó todo un cambio radical en contra de las medidas anteriores del gobierno del PP. Y puede ser que pareciese y ahora ya no lo parezca tanto. En primer lugar, frente al taciturno semblante, pero duro, muy altanero y distante que nos ofrecía Aznar, Zapatero puso de moda el talante y, en su decir, el diálogo, como mejor contraseña. No obstante, nada en la vida corriente, en lo real, que no fuese lo político, parecía haber cambiado. Y efectivamente, en la vida de la calle, en los negocios y en las finanzas y sueldos de los más grandes, no se produjeron cambios, aunque sí subió el salario mínimo de 460,5 € a los 600. En fin, lo de la vida corriente, ya viendo o no la televisión, siguió la misma rutina.

Sin embargo en el ambiente político, según las crónicas, ya desde un primer momento, reinaron la falta de entendimiento y la crispación entre los dos grandes. El PSOE, sólo había conseguido mayoría relativa en el Parlamento, por tanto, para legislar, tuvo que buscar apoyo en nacionalistas, sobre todo en catalanes, y en otras fuerzas de izquierdas como IU, ERC o en aquellos, más minoritarios, que le quisieron valer. Mientras que el PP ni siquiera, ni en toda la legislatura, consiguió recuperarse de su sentimiento interno de mala suerte a favor de Zapatero, que, de modo oportunista y cruel y tan injustamente, le había arrebatado el Gobierno. Pero, para escarnio del PP, Zapatero, a medida que éste se enfurruñaba, más gozó en aislarle políticamente, más y más. Para empezar, ya desde principio, retiró las tropas de Iraq, pero siguió torturándole con otras contramedidas, y así aumentó, a cambio, los efectivos militares para «misiones de paz», incluyendo el de las tropas de Afganistán, realizó la eliminación del Plan Hidrológico Nacional, e invalidando la última reforma educativa del PP, dictó su nueva reforma; esto sí, consensuada, la LOE, 2006. Y yendo más allá de lo contrario, en cuanto a las políticas hostiles o de guerra del PP, Rodríguez Zapatero, compareciendo en la 59ª Asamblea General de Naciones Unidas, se postuló como promotor de una «Alianza de Civilizaciones» entre el mundo occidental y el mundo árabe. Los socialistas, promovieron igualmente, y en campaña electoral, la defensa, sin ambages, del sí para el referéndum de la Constitución Europea. Como también procuraron volver a normalizar y mejorar, avanzando, las relaciones políticas con los países hispanoamericanos. En lo interior, en lo que se refiere al trato del terrorismo, a punto estuvo de conseguir que el PP subiese por las paredes. Porque a media legislatura, Zapatero, no sólo dio en afrontar las reformas de los estatutos valenciano, andaluz y catalán —éste de ardua negociación— sino que, poco después de que el terrorismo etarra diese fin al alto el fuego, entra en el trato de dialogar con ETA, en «un proceso de paz» con el fin de conseguir poner fin a la violencia. Y, aunque ETA rompió el proceso, muy pronto, y el PSOE volvió al redil del PP, éste no le perdonó el pecado.

No saciados con lo anterior, y puesto que se dice que hay diferencias abismales entre el PSOE y el PP en cuanto a las cuestiones políticas, tanto externas como internas, pero más en las sociales, también deben destacarse algunas de las medidas de gobierno tomadas en este ámbito, aún para mayor sarcasmo y consecuente coraje del PP, durante toda esta legislatura. Lógicamente, con la Iglesia, aliada espiritual del PP, hubo sus más y sus menos, aunque más en lo económico para la Iglesia y menos en lo moral. En esta legislatura el PSOE sacó adelante la ley para la legalización de los matrimonios homosexuales, quienes, a partir de ella, ya se pudieron casar «*como Dios manda*»; la ley para la promoción de autonomía personal y atención a personas en situación de dependencia; las leyes para la igualdad efectiva entre mujeres y hombres, las cuales también trajeron consigo la «*democracia electoral paritaria*»; la creación de juzgados, para el trato judicial perentorio y adecuado a los derechos de las mujeres que sufren la «*violencia de género*»; la disposición del decreto sobre «*Educación para la Ciudadanía y Derechos Humanos*», «*para educar en valores*» por medio de la impartición de una asignatura —y no «*a la buena de Dios*»— a infantes y a jóvenes. (Pero, porque además y sobre todo, mediante ello se contribuiría «*a la defensa de los valores y los principios de libertad, pluralismo, derechos humanos y Estado de Derecho, que constituyen los fundamentos de la democracia*»); la reforma de la «Ley de Propiedad Intelectual», con la regulación del canon digital y con el fin de amparar los derechos de los autores frente a la sed codiciosa de los piratas digitales. Y otras que excusamos sumar, porque ya son suficientes como muestra. Mas, no por esto dejaremos de citar, aquella que, de todas ellas, cuando menos suena, satisface mucho más: El 9 de mayo de 2006 el Presidente Zapatero firmó en Moncloa con la patronal y los sindicatos CC.OO. y UGT una reforma laboral destinada a reducir la temporalidad en las contrataciones. Así, sin grandes contradicciones. Las pegas laborales con las medidas causantes, las crudas y algo más, vendrían más adelante. Ahora, será mejor que entremos en el final.

Ante tanta crispación política como hubo habido, «entre derechas e izquierdas», llegando a la campaña electoral, surgió una «Plataforma de Apoyo a Zapatero», con un manifiesto previo acompañado de 2000 firmas de intelectuales y artistas, gentes del mundo de la cultura, del cine, del cante y de otras artes, de los cuales, junto con otros de dedicación considerada más grave en el mismo mundo, le apoyarían también en plena campaña, en presencia y en imagen. En fin, que a Zapatero no le faltaron apoyos de calidad. Sin embargo, por haber, no faltó la nota trágica del terrorismo de ETA. Ésta, dos días antes de celebrarse las votaciones, cobraba una nueva víctima con la vida de Isaías Carrasco, concejal de Mondragón y militante del PSOE y UGT. ¿A quién podía beneficiar o perjudicar, aparte de la víctima y familia, el criminal atentado en tal momento? Porque es que nunca se sabe, como de los de otras ocasiones. Ni se sabrá. Del 9 de marzo, resultó que ambos partidos aumentaron su número de diputados al Parlamento con respecto a 2004, aunque volvió a ganar el PSOE con 169 (5 más) frente a los 154 del PP (6 más). PNV y CC (-1) y se mantenían CIU, BNG y Na-Bai. Surgía UPyD (1) y bajaban, considerablemente para ellos, ERC (-5) e IU (-3), que perdía su grupo parlamentario. Estos resultados venían a consolidar el bipartidismo.

Y aquí termina la etapa, según la consideración con la que la principiamos. Lo de después ya es sabido y lo detallaremos muy de largo. Si este período fue de tranquilidad y bonanza en lo económico para Zapatero, como prolongación de la etapa, el que llegó a partir de 2008, fue el comienzo del desastre y significó, sin que aquel lo pretendiese, la supresión del «talante», o a lo menos, del que el líder echó mano, fuese o no fuese sincero, para ganar por derecho democrático las simpatías mayoritarias de España a través de los votantes de su pueblo soberano.

Al parecer, ya desde la entrada en las vísperas, Zapatero, que tampoco consiguió la mayoría absoluta para esta legislatura, no supo ni quiso oír los anuncios pesimistas del PP que auguraban el desastre, así que sus intenciones, su optimismo y ocurrencias y sus cambios de ministros posteriores no le valieron de nada. A final de 2009 todas las cifras, que generalmente utilizan los gobiernos para dar cuentas al pueblo, le fallaban: los parados rondaban los 4,4 millones de personas, casi un 19% con 1,4 careciendo de prestaciones por desempleo; la caída del PIB llegó al 3,6%; el déficit al 9,4% de éste (más de 87.000 millones de euros). Para el PP, al fin había llegado el Gobierno a la crisis anunciada, a la cual, los dos de acuerdo, llamaron de las finanzas mundiales, aunque luego ya reconociese el PSOE que lo era con la parte inmobiliaria que correspondía a España. Ninguno de los dos reconoció que era capitalista a cargo del Capital, antes bien fue el mismo Zapatero quien decidió que sería a los banqueros de casa a quienes, antes que nadie, intentaría salvar de la ignominiosa crisis, porque en principio les llegó apadrinada de fuera y así, en lo sucesivo, el gobierno comenzó a tomar medidas, mientras todo, y a la par, empeoraba: primero subió el IVA del 16 al 18% para que todo dios, menos los dioses, que pagan menos de IRPF, pagaran; congeló las pensiones y el sueldo a los funcionarios; se propuso la edad de jubilación a los 67 años y aumentar a 25 años de cotización el período de cálculo para las pensiones (de nada sirvieron manifestaciones, en Madrid el 23 de febrero, si no fueron para apaños) y, por fin, el 9 de septiembre de 2010 «*el Congreso de los Diputados aprobó definitivamente la reforma del mercado laboral*». Se trataba, como se venía insistiendo desde hacía muchos años, de «*flexibilizar*» el mercado de trabajo y mejorar la «competitividad» laboral, con lo cual, como es lo lógico, nadie se conformaría. Los sindicatos oficiales celebrarían su huelga general, con posterioridad y alevosía (el 29 de septiembre) y los patronos su disconformidad certera e inamovible.

Por otra parte, con respecto a los banqueros tiempo hacía que el gobierno también había emprendido sus medidas. Valga de paradigma esta muestra: El presidente del Gobierno, José Luis Rodríguez Zapatero, ha confirmado la decisión del Ejecutivo de elevar el fondo de garantía de los depósitos de 20.000 euros a 100.000 euros por persona y entidad. Además, anunciaba la creación de un fondo con cargo al Tesoro 30.000 millones de euros, ampliable a 50.000, como medida complementaria a las del Banco Central. Zapatero insistió en que, «*esta medida no busca sanear a las entidades financieras españolas— de gran solidez, según él— sino "prevenir riesgos" e "inyectar financiación" para facilitar los créditos y con ello, impulsar la actividad económica. En estos momentos, recordó, la falta de crédito es el gran problema que paraliza la actividad»* (publico.es 13-10-2008).

En fin, la filosofía clásica: Quitárselo a los pobres para dárselo a los ricos. O como diría el comentarista de un blog: «*Los ricos más ricos, y los pobres más pobres. Menos mal que este gobierno se considera a sí mismo de izquierdas... Es normal que en el PSOE y medios afines digan de los del PP que son ultraderechistas. Si ellos, siendo la izquierda, ya están a la derecha...*» Pero el pueblo comenzó a darse cuenta de qué va el socialismo, tan sólo porque, observando a Zapatero, ha conseguido entender de qué iba su «talante». Y aquí ya nos paramos, puesto que cualquier usuario de Internet puede ampliar, si lo desea, las pruebas y las razones sobre lo dicho. Ahora a la conclusión.

-3-
EN CONCLUSIÓN

Lo malo, que no lo sería tanto, si hoy en día todos ellos pudiesen llegar a acuerdo, según dicen los gobiernos, no es que el mal nos llegase vía Europa del Mercado, del mundial y el europeo, sino de quien ni el PSOE ni el PP quieren llamar por su nombre y apellidos, a palo seco: Capitalismo Mundial y Europeo.

Como tampoco es así que la crisis les haya surgido ayer, para que la paguen otros; menos o más, los de siempre. La verdad es que, por lo menos en España al igual que ocurre en otras naciones, nunca hemos salido de ellas y siempre han sido «los que siempre», los que pagaron las crisis en secuencia interminable, como hemos mostrado aquí. Lo que pasa es que cada uno de nosotros piensa que la historia es diferente a cómo la viven otros, y por esto, pasa que nunca vamos de acuerdo. Por ejemplo: Esta ha sido, la anterior, la descripción política de una etapa de la vida, pero hay otras muy distintas que, con muchas menos razones, y por supuesto, palabras, vienen a dar a lo mismo. He aquí otro paradigma de lo que digo, y en referencia a la misma etapa histórica:

«Aún parece que fue ayer. Si estabas necesitado dabas apenas dos pasos, desde tu pueblo hacia fuera —porque aquel fue siempre el mismo, más o menos, en aquel tiempo de engaños— y ya estabas trabajando. Volvemos a situarnos en el año 1964, tiempo en que nuestro Firmino decidió hacer "el burro"

—calificativo usado por quien no le comprendía—, al cambiar libros de texto por sabiduría olvidada. Aunque lo suyo (porque todo hay que decirlo, para hacerse comprender) fue más bien porque sentía que no eran compatibles las normas a las que le sometía el reino inquisitorial de todas las ignorancias con su propia filosofía, ya que por entonces ésta estaba muy arraigada en su formación primaria. Extrañamente, quizás, pero así era.

Tuvieses o no una profesión, si querías emigrar a Suiza o Alemania, te apuntabas, y en esto ya estabas listo; luego ya te llamarían. ¿Que a la Marina Mercante? Pues lo mismo, y ya estabas enrolado en la piratería extranjera, junto con los demás tripulantes de tu tierra. Si se trataba de la Pesca, fuese al día o al Gran Sol, te acercabas al "Bar Castor" o a Carlos, taxista de La Coruña, y te aseguraban la plaza, para tantas temporadas como te viniese en ganas. Firmino había probado esto, sólo por la inquietud de probar. Aunque la misma inquietud también le advirtió muy pronto que, si cambiaba tan a menudo, una por otra, las fuentes que la mantenían viva, aquella muy pronto se secaría. Y decidió quedarse en tierra, por no querer olvidar lo que dijesen los libros, fuesen estos los de siempre como los excepcionales. Decidió pues, no seguir la misma ruta que sus amigos de siempre, que prefirieron seguir, siempre navegando, por pura necesidad, para ir, al mismo tiempo, sumando, si les sobraba, el dinero de las cuentas que guardaban en los bancos. Y mientras tanto, Firmino, conseguía conciliar consigo mismo trabajo y filosofía y, aún así, sin tener que renunciar a crear una familia ni a mantenerla igualmente.

Cierto que para vivir en tierra holgadamente tampoco tenía ninguna especialidad que avalase su trabajo, pero entonces, igual que ahora, también había cursillos de promoción obrera, que cualquiera podía hacer sin cumplir la condición de ser parado oficial, condición entonces desconocida. Si el aprendizaje fuese en la Escuela Acelerada, entonces uno paraba el tiempo que hiciese falta (fue lo que hizo Firmino en otra ocasión). Ya encontraría trabajo, sin más tardanza que el tiempo que tuviese que emplear en preparar las maletas. Todo el secreto era el INI*, que para eso estaba en auge, como motor principal de todo cuanto medraba —Vigo, Ferrol, La Coruña—, y las divisas de los emigrantes y el turismo extranjero, avanzando a cada paso, y, junto con estas industrias, una construcción en ciernes que imponía los trabajos "a destajo"; el frenesí financiero aún estaba por delante. Pero no hay mal que dure. Y éste había durado bastante.*

Todo aquello, y nada más, exceptuando el turismo, porque eso es cosa extranjera, fue lo que se vino abajo. La emigración hacia Europa, fuese hacia tierra o a la mar, sería sustituida lentamente por otra de condición más ingenua y más barata. Lo del INI *también sucedió en otra década. Pongamos que fue sobre la de los 80. Ya había llegado la democracia. Pero había que probarla. De lo cual sabe Felipe, quien procedía, lo mismo, del tiempo de poco antes.*

Opinan, unos, que para bien. Otros que fue una desgracia, porque el INI *era de todos y no tan sólo de Franco. Pero González, juntamente con los suyos, afirmó que aquello no funcionaba y más valía venderlo como una herencia mal conseguida y mal entregada, y puesto que tampoco era, ni mucho menos, privada.*

Eran tiempos de reparto y González, igual que la mayoría, también era partidario de repartir lo que había. Y así fue, si bien a éste no le dio tiempo de concluir el reparto en su totalidad. Para esto llegaron los de repuesto, que, siendo los populares del Partido Popular llegaron justo al momento y lograron alcanzarlo. Para unos pocos fue el mucho, para algunos más poco menos y para los muchos nada. Pero todos tan contentos, pues, para los del medio y para los muchos aún seguían funcionando, y aún bajo la dirección del Estado, las pensiones de los jubilados, la educación gratuita y la Seguridad Social.

Si algún lector pensase que esto no es tan creíble como todo lo pasado que testimonió Firmino, porque sea que en este entretenimiento del "período de reparto" —como lo llama Olegario— se vivió, en toda España, mejor que nunca, nunca tanto a nuestras anchas, éste les explicará, sin pausa, que aquí, precisamente, se dio el colmo monumental de una mentira amañada que nos llevó a este engaño: Sin querer ir más atrás, lo primero fue lo de la OTAN. *Poseídos por la inquietud de volver al mundo libre del cual nos había privado Franco, se aceptó la ingenuidad. Y a continuación, por querer modernizar, a todo trapo, todo interés anticuado con respecto al modernismo europeo llegó la nuestra al mercado occidental —aunque, esto sí, mucho más adelantado y al mismo tiempo reino del capital financiero, más accesible y también prometedor, para nosotros— por la vía de anteponer la necesidad de acabar de vender cuanto teníamos a cambio de muchísimo dinero y de perder en el trueque, en mayor o menor medida, magnitudes de autonomía económica en los ámbitos de la Agricultura, de la Ganadería, de la Pesca y de otras variedades. E igualmente el poder sobre la moneda, que ha dejado de ser nuestra, sino que fue, como se fue la peseta, también a cambio de euros.*

Y he aquí lo que hemos hecho con dineros europeos: aeropuertos modernos, autopistas y autovías, que recorren toda España, edificios a capricho, barrios, casi ciudades enteras y pueblos, por todas partes, cada cual con su casa de cultura, polideportivos, jardines y casas de recreo; tenemos ciudades deportivas, campos de golf y de futbol, a millares; tenemos más que suficientes canales de TV, *además también estamos al tanto, y más que sobrados, en cosas de cotilleos, pero también de cineastas sin cuento, directores y actores, muy premiados, que nada tienen que envidiar de los europeos y una fábrica de artistas, sobre todo de cantantes. Por lo demás, tenemos hoteles ultra lujosos, junto con casas rurales de reciente ideación y balnearios y playas más que atractivas con sus áreas caldeadas bajo el mismo sol de siempre y acari-*

ciadas por el refresco del mar, al servicio del turismo interior y extranjero. Y de todo esto, pues, podemos testimoniar que vivimos de montarlo, también todos estos años. Que no es poco, pero digamos aún que, incluso aquí entre nosotros, hubo muchos que llegaron a dos casas: la vivienda habitual y otra para recreo. Algunos otros tuvieron algunas más, de reserva, para poder negociar. Y no hablemos de coches; dos o tres en cada casa, y aún más, si contásemos los cambios. Ante esta situación, el espíritu especulativo igual que el consumidor se extendía por doquier, dominando los alcances de cualquier hombre o mujer, lo mismo que el uso de las tarjetas de crédito a la hora de las compras en las grandes superficies y en los supermercados que alcanzaban y surgían como hongos en los pueblos.

Es verdad que así se vivía en España; que anteayer España vivía bien contando con estos medios, pero aún mejor ayer contando contínuamente los euros. Es ahora cuando, los que nos mandan, nos dicen: Que aquello ya es pasado, que estamos en una crisis con cuatro millones y medio de parados y que estamos empeñados y que, por lo tanto, es ellos a quienes sale más caro mantenerse en el gobierno para poder gobernar. Mas, aunque se callaran y no nos dijeran nada, sabemos lo que sabíamos: Si tienen dificultad, malo será que Zapatero, en el tiempo que le quede de gobierno, no acabe con lo que aún reste de entonces. Si no es así, ya vendrá quien lo haga en su lugar, que por algo el Partido Popular, con Rajoy, está una vez más a la cola.

¿Decís que aún nos falta mucho, para llegar a la profundidad de lo que nos está pasando? Cierto, pero nosotros ya no podemos dar tanto, ni mucho menos aún más, en espacio tan menguado.»[27]

Después de esto, por si alguien lo pensase: No es añorar el pasado, sino que se trata de comprenderlo para poder superarlo y no volver a lo mismo, pues ya estamos mareados, cuando aún ni hemos empezado a gozar la democracia. En esto estamos de acuerdo con el movimiento 15-M: En que esto no es democracia, sólo es lo que afirman ellos, bipartidismo monárquico, y poco más, pero no menos. En otras ya no lo estamos. Por esto es que hemos escrito todo esto, para concluir acuerdos y exponerlos.

Bipartidismo no es uno. Y aunque no nos representen el PSOE y el PP, nunca podrán conjuntarse, si no es ocasionalmente, porque son un matrimonio que duerme en la misma cama, y el matrimonio no es

[27] Traducción libre y directa del gallego de «A verdadeira memoria da transición» (Por un paleto do paro) en www.kaosenlared.net/noticia/verdadeira-memoria-da-transicion-paleto-do-paro)

uno, sino dos, que sólo harán el amor, por pudor, cuando no haya otros presentes en la misma habitación. Mas, si queremos observarlos por separado, como individuos sin lazos, de cada uno diremos: El PP es todo un modo de ser, orgulloso y contundente, que sólo admira el poder, porque es todo lo que siente y el poder es su derecho, porque así ha sido siempre, y si siente compasión por los sumisos exige, a cambio, que los sumisos le acepten, sin condiciones, cuando al PP le conviene. Y el PSOE está ahí, pero no es porque ha perdido su oriente y porque carece de brújula (ya sea porque la haya perdido o porque la haya despreciado, el caso es que no la tiene) y entonces no sabe ir hacia donde le conviene, y esto que le ha pasado hace tiempo, es lo que le hace dependiente, y si digo que no es, es porque no puede ser quien no sabe lo que quiere. Lógicamente, tampoco yo, por ninguno de los dos me siento representado, ni lo fui voluntariamente nunca, ni quiero serlo. Y si acaso quisiérais saber qué opiniones tengo por IU o por algo parecido, os diría que tampoco merecen mi representación. IU también ha perdido el norte, la razón con su criterio fundamental de unidad ya antes de haber nacido ¿y entonces, dónde puede radicar la fuerza de la razón que la pueda aglutinar? Los otros ya ni la buscan; quizá porque no la quieren.

¿Cuál será entonces la solución? Desde luego que, si la solución tampoco puede venir de los partidos pequeños que hoy existen, pienso que tampoco podrá llegar del movimiento 15-M, ni de nada parecido, pues si estos, ya de principio, renuncian a organizarse en partido, ¿de dónde saldrá el poder, que les lleve a imponer sus criterios? ¿Qué no quieren imponerlos? Entonces, dará lo mismo. Y tendrán que organizarse igualmente, si quieren lidiar por ellos con los demás que gobiernen, ¿o es que, acaso, creen los del 15-M que los partidos, cualesquiera que estos sean, harán lo que ellos les pidan, lejos de los intereses reales y objetivos que los partidos defiendan? Atrás os quedó el ejemplo del PP y del PSOE, ¿para qué buscar otros paradigmas? Cada partido político, primariamente, busca el logro de sus fines, mediante unos objetivos, pero sabe a ciencia cierta que sin poder, para lograrlos, por mucho más que se indigne, se movilice y trate de propagar las razones que le asisten, por muy justas que éstas sean y lleguen a los demás, y aunque sean los demás la mayoría de los gobernados (el pueblo), nunca los alcanzará. Porque otra, por naturaleza, es la función de los gobiernos que conocemos. Lo es también empíricamente.

Decís los del 15-M que las cosas cambiarían, si os escuchan los partidos y toman los contenidos que dais en vuestras propuestas para transformar en leyes que aporten las soluciones a los problemas del pueblo. Sin embargo el problema principal, fundamental, que os habéis planteado y propagado en las calles es que no hay democracia, porque esta que tenemos no lo es. No estamos representados por los partidos políticos que nos gobiernan. Pues bien, ¿entonces, estáis conmigo, al hilo del pensamiento?:

La democracia no es una cuestión teórica, ideal, sino real, es decir sólo existe democracia allí donde se practica. Y nadie hará por nosotros, libremente, lo que nosotros queremos, si no lo hacemos nosotros. Como tampoco nada cambiará las cosas si el cambio, en el sentido querido, no lo provoca uno mismo cambiando las condiciones de la propia realidad a la cual las cosas están sujetas, porque son sus consecuencias en una mayor medida.

Siendo así, precisamente, por ello aparece el programa político municipal de CEX en la parte central de esta larga exposición. Porque considero que es el modelo válido y necesario para orientarse en la práctica de la democracia real. Lo mismo que considero, también por ello, que el nuestro, al presentar este proyecto al pueblo de Plasencia, como reto democrático, no ha sido un intento vano, porque hayamos fracasado en el de ofrecernos como vehículo o instrumento mediante el cual los placentinos accediesen al poder de gobernarse a sí mismos. O bien no hemos logrado llegar al pueblo de modo que comprendiese el mensaje, o bien no quisieron escuchar y aceptar el desafío. No obstante, lo vuestro, del 15-M, por la actitud declarada que habéis mostrado hasta ahora, es una historia distinta. El 15-M sí quiere la democracia. Pues bien, ahí os va el desafío, que no es otro que el programa contenido en este libro. Además cualquiera sabe que la construcción de un edificio debe empezar por la base.

Pero antes de terminar, también por esto, ahora, deberé contradeciros, aunque no en todo, sino sólo en esta muestra: No estoy de acuerdo —y menos con los partidos políticos que la piden, ni con aquellos que han dicho que están dispuestos a aceptar vuestra propuesta tan sólo por daros coba para ganar vuestro voto— con que haya que reformar, para nada, la Ley Electoral vigente, sencillamente, porque, si se trata de vivir la democracia, esa ley tampoco vale. Si, IU o quienes sean quieren una a su medida, que se la curren, pueblo por pueblo, ciudad por ciudad y autonomía por autonomía. Entonces ya se verá como a ellos también les va la que hay. Porque lo que realmente quieren es, precisamente, tener aún más ventajas que los partidos reducidos a ámbitos más pequeños que el del Estado. No, a nosotros no debe valernos esto. ¿No queremos democracia? Entonces lo necesario no será nunca el cambio de La Ley Electoral, sino el del sistema electoral completo. Se necesitará un sistema electoral adecuado a la democracia que proponemos. Para esto vale también el programa de CEX. Y aunque el nuevo sistema aún este por estudiar y resolver, se evidencia desde él que los políticos, estatales, autonómicos y locales, tendrán que proceder igualmente de las bases. Ello restará, por otra parte, complejidad y dineros, en gastos absurdos, a los procesos electorales. Y los partidos políticos, si es que quieren progresar en sus carreras al gobierno del Estado, tendrán que trabajárselas desde las bases. Aunque sí, y por supuesto, seguirán siendo necesarios como nunca lo hayan sido.

Y, por último, por si alguien quiere objetar que la propuesta no es factible, porque no existe en pueblo mentalidad para ello, os va ésta como la razón postrera, derivada de la dicha más reciente, más arriba:

Igual que no se pueden cambiar las cosas sin cambiar la realidad que las sustenta, tampoco las mentalidades pueden cambiar por sí solas, ni las mentalidades dependen de la buena o mala intencionalidad de los hombres, respecto a la que deseen, sino que estas dependen de la propia realidad material y básica de la vida social, de la cual proceden y en la cual se desarrollan. Y esto no lo pienso solo, sino que lo han demostrado, científicamente, muchos sabios humanistas. Y sobradamente.

www.ingramcontent.com/pod-product-compliance
Lightning Source LLC
LaVergne TN
LVHW012109160826

845678LV00014B/3007

* 9 7 8 8 4 6 1 5 3 5 8 5 9 *